成果がぐんぐん上がる

自律的に働くための リモート コミュニケーション術

成瀬 岳人 著

日経BP

はじめに

これからの働き方はどう変わるでしょうか。

テレワークが普及して、もう1年以上が経過します。新型コロナの猛威が収まった後、わたし達の働き方はどうなっていくでしょうか。また、毎日通勤し、みんなでオフィスに集まって一緒に仕事をする日々に戻るでしょうか。

仮に完全にオフィスワークに戻る人がいたとしても、「リモートでコミュニケーションをとる」というコミュニケーションスタイルは、新しい日常として残るでしょう。

それほど、このコロナ禍におけるテレワークがもたらした、生活やビジネスにもたらしたインパクトは大きいものがあります。「コミュニケーションにかかるコストが最適化された社会」において、あえてコストのかかる人の移動を前提としたコミュニケーションが日常的に行われる社会には戻らないでしょう。この変化は、通信基盤やデバイスの進化などの技術的発展が後押ししていることもありますが、コロナ禍という「必然性」の中で、社会的に定着した新たな選択肢であり、人の価値観、考え方に強く影響した結果です。わかりやすく言えば、「リモートでいいですよね」という選択肢を選びやすくなった、ということです。

こうなると、リモートコミュニケーションは、生活していく上での一般的なコミュニケーション手段であり、使いこなすことが当たり前の基本能力になります。しかし、テレワークが普及した今でも、筆者の周囲では、リモートコミュニケーションに不慣れな方、抵抗感が多い方がいるのも事実です。リモートコミュニケーションが、今後の生活や働き方において必須の選択肢となるのであれば、できるだけ多くの人がリモートコミュニケーションを当たり前のスキルとして使いこなせるようになった方が良いのですが、リモートコミュニケーションを使いこなしている人と、そうでない人の差が生じています。その差はどこから生まれているのでしょうか。

この本の執筆機会をいただく際、当初は「テレワークにおけるコミュニケーションツールの使い方」というお題からスタートしました。ですが、長年テレワークでの働き方、リモートコミュニケーションを日常的にしてきた私には、「ツールの使い方が分かれば、本当にリモートコミュニケーションを使いこなすことにつながるのか」という疑問がありました。本書の機会を頂くまでは、リモートコミュニケーションは慣れに依るところが大きいため、とにかくリモートコミュニケーションの機会を増やしてください、と伝えてきました。ですが、これだけテレワーク期間が長期化しても、リモートコミュニケーションのスキルに差が生じている。これは、単なる慣れの問題はなく、リモートコミュニケーションにおいて抑えるべき知識、技能、考え方があるのかもしれない。だとすれば、より多くの人がリモートコミュニケーションを使いこなせるための術を整理して伝えることができないか、と考えたことが本書の軸になっています。

私の働き方

筆者がテレワークという働き方を始めたのは、２０１１年ごろにさかのぼります。当時は、所属会社において、残業時間削減と生産性向上を目的に、オフィスに依存しない業務環境が模索され始めた時期でした。タブレット端末を使い、外出先でメールのやりとりをし始めたのが始まりです。その後、テレワークに対する個人的な関心と所属組織の方針もあり、２０１５年以降はテレワークを前提とした働き方に移行していき、それから約６年間、テレワーク中心の働き方を実践してきました。もう10年近く、オフィスに「自分の席」というものが存在しません。スマートデバイスの進化、クラウドサービスの普及、働き方改革の時代を経て、企業も働く個人も価値観が変わりつつある最中、新型コロナウイルス感染拡大により政府が発令した「新型コロナウイルス感染症緊急事態宣言（以下、緊急事態宣言）」によって、働き方は完全テレワーク中心になりました。

この変化によって、私の「コミュニケーション時間」は倍増しました。以前から、チャットやウェブ会議といったリモートコミュニケーションは日常的に行なっていましたが、私がリモートにしたくても、周囲にとっては対面でのコミュニケーションが当たり前でしたので、移動時間は、どうしても発生していました。ですが、社会全体がテレワークに取り組み始めたことによって、私の周囲のコミュニケーションは、ほぼ１００％リモートになりました。

完全テレワークになったことで、新たなに得たものが三つあります。一つ目は、「時間」です。単純に私自身やコミュニケーションをとる対象者の移動時間がなくなったことで、より多くのコミュニケーション機会と量を増やすことができるようになりました。

二つ目は、「複業」です。本書では「副業」ではなく、あえて「複業」としていますが、リモートが前提になったことで、本業も含めた複数の仕事やコミュニティ活動（社会人大学院での学びや家事・育児も含む）に従事する機会が増えました。そのため、本業を主と考える「副業」ではなく、自身が携わる仕事すべてを含む「複業」と考えています。これからの時代は、「複業」の生き方が当たり前になっていくと考えています。脱線しましたが、私自身以前から複業には取り組んでいましたが、フルタイムの本業に加えて、移動することが前提だった複業機会はどうしても制限せざるを得なかったのですが、リモート前提になったことで、本業の隙間時間に複業を組み込みやすくなりました。

三つ目は「距離の超越」です。現在、私はフルタイムの本業に加えて、複業を5つ、大学院を含めた学びのコミュニティに4つ所属しています。コミュニティ参加者には、山口県や宮城県など、地域の方も多く参加しています。大学院も、通うとすれば往復2時間はかかりますが、ほとんどの講義をリモートで受講しています。こうやって改めて書き出すと、リモートコミュニケーションの恩恵を十二分に受けている実感があります。三つに共通していることは、「他者とつながる機会の増加」、そして「自分の人生の可能性を広げられる」ことです。リモートコミュニケーションは、使いこなすことで単純に便利になるだけではなく、今まで得られなかったつながりを作り出し、自分自身の可能性を広げていくことができます。この実感があるからこそ、より多くの方にリモートコミュニケーションを使いこなしていただきたい、表面的なコミュニケーションツールの使い方だけではなく、得られる可能性をできる限り整理してお伝えしたいと考えたのです。

本書の構成

第1章「デジタル化する働き方」では、リモートコミュニケーションが今後の働き方においても重視される背景を説明します。オフィス前提時代のコミュニケーションを振り返り、テレワーク普及によってどのように働き方とコミュニケーションのあり方が変化したのかを説明します。そして、これからの働き方におけるリモートコミュニケーションの持つ可能性に触れます。

第2章「コミュニケーション・フェーズ」では、人と人との関係性や、人と仕事の進め方におけるコミュニケーション自体の捉え方を整理します。これからの時代においては、対面コミュニケーションとリモートコミュニケーションを使い分ける時代になります。使い分ける上で、コミュニケーション・フェーズの全体像を整理し、フェーズごとのコミュニケーションの取り方、考え方をお伝えします。

第3章〜第5章は、リモートコミュニケーションの「心・技・体」について、それぞれお伝えしていきます。

第3章「リモートコミュニケーション・スキル」では、リモートコミュニケーションの「体」として、鍛えるべき技能を体型的にお伝えします。言語化能力や文脈を読む力などの、リモートならではは磨くべきスキルを整理します。

第4章「リモートコミュニケーション・テクニック」では、リモートコミュニケーションの「技」として、環境整備から、チャットやウェブ会議などの各種ツールを体系的に整理し、各種ツールをどのような場面で、どのように活用するかをお伝えします。また、本章ではリモート・コミュニケーションの事例として、ナラティブベース社のリモートコミュニケーション環境とそのテクニックについてもまとめています。

第5章「リモートコミュニケーション・マインド」では、リモートコミュニケーションの「心」として、リモートでもコミュニケーションを円滑にしていくためのマインドセットを整理し、本書のもう一つテーマである「自律的に働く」という点に、リモートコミュニケーション・マインドがどのようにつながっていくのかをお伝えします。

そして、最終章では、「リモートコミュニケーションの先にある自律」をテーマに、法政大学キャリアデザイン学部教授であり、一般社団法人プロティアン・キャリア協会の代表理事である田中研乃輔氏との対談を通じて、この変化の時代にポジティブに適応していくための示唆を得ます。

本書を通じて、少しでもあなたのリモートコミュニケーションに対する考え方が変わり、一つでも実践していただくことで、あなたの人生の可能性が広がると信じて、私の経験と実践に基づく知識をお伝えしていきます。

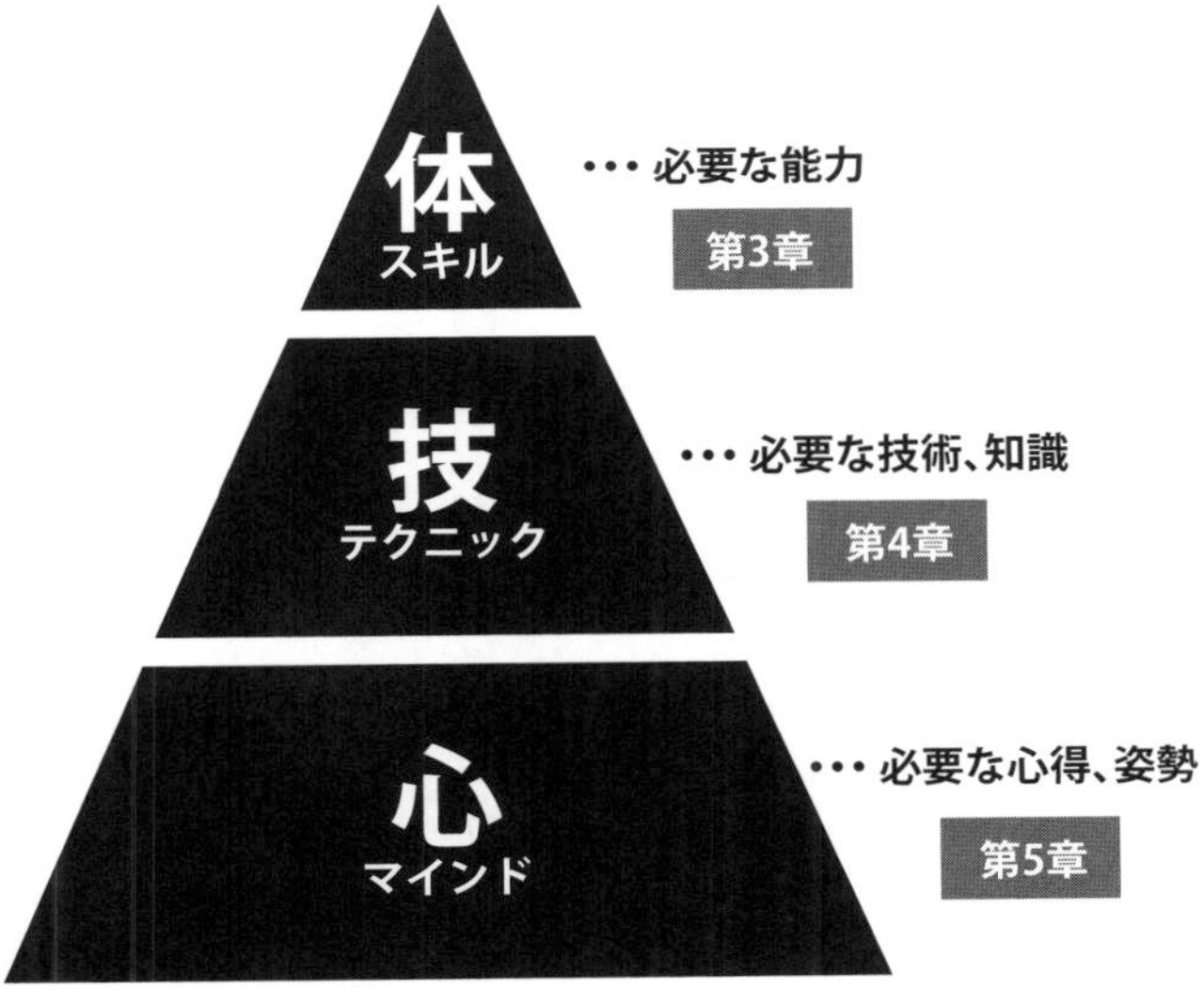

図1■ リモートコミュニケーションの心･技･体

［目次］

目次

第1章　デジタル化する働き方

■オフィス前提時代の終焉

２０２０年４月の緊急事態宣言以降、多くの企業が一斉にテレワークに取り組まざるを得ない状況になりました。新型コロナウイルス感染症の全世界的な広がりは、社会・産業・経済・生活面に長期間にわたって大きな影響を及ぼしましたが、これを変革の好機と捉えて事業や経営環境を変えていく意思決定をしている企業も多くでてきました。キーワードとなったのが、「デジタルトランスフォーメーション（ＤＸ）」です。コロナ禍以前からも、働き方改革と並ぶ大きな経営テーマでしたが、テレワークという働き方を選択せざるを得なくなった状況で、経営環境や現場の業務プロセスをデジタル化する動きが加速しました。

経営環境の見直しが検討される中、もう一つ大きな論点となっているのが、「オフィス」の在り方です。意思決定が早い企業では、最初の緊急事態宣言直後に、テレワークを前提とした働き方に移行し、オフィスの在り方を見直していくと宣言しました。その主な狙いとしては、オフィスという社員の行動基盤となっていた巨大な装置の在り方を変えることで、社員の行動と意識を変革させたい、固定費コストを最適化したい——という2点があります。

コロナ禍においては、テレワークで業務を継続するため、多くの現場がさまざまなＩＣＴツールを試行錯誤しつつ使わざるを得ない状況に置かれました。これにより、程度の差はありますが、世の中全体としてリモートコミュニケーションに対する習熟度が上がっていきました。結果的に、商談や重要会議、雑談などの各種コミュニケーションが「リモートでも意外とできる」と気づいた方が増えました。そして、何よりもこのテレワーク期間が1年以上継続したことで、テレワークを前提とする働き方は定着しつつあります。

■分散化する働き方

テレワーク前提の働き方とはどういうものでしょうか。明確な定義があるわけではありませんが、筆者は、数百社の企業のテレワーク導入を支援した経験から、「週3日以上はテレワーク勤務で、オフィスに固定の自席がなく、ほとんどの社員がテレワークを選択できる状態」と考えています。

オフィス前提の働き方から、テレワーク前提の働き方になると何が変わるでしょうか。主なメリットは、通勤も含めた各種移動時間の削減と固定費コストの最適化、ＩＣＴ環境が整備された上で確立されるデジタル業務環境へのシフトによる業務効率化、そして成果をベースとした働き方へのシフトによる生産性向上などが考えられます。一方で、デメリットもあります。それは、人と人の「隙間コミュニケーション」や、無意識のうちに行われていた状況や状態の把握が困難になることです。隣で一緒に作業をしながら行なっていたフォローアップや業務指導、人材育成、同じ時間・空間を共有することで醸成されていたチームの一体感といった人や組織の運営に関わることにおいては、少なからず問題が生じています。

18世紀後半の産業革命以降に一般的になったオフィスという装置は、長い歴史の中で存在することが当たり前になっていました。仕事を行う上でオフィスという装置が企業のブランディングを担い、日々の仕事を効率的に、かつ安心・安全に行う上で必要な存在でした。人材や業務運営に必要な各種機能をオフィスに集約することで、オフィスに行けば業務を円滑に行えました。また、働く個人にとっても「オフィスに行く、オフィスから帰る」という日々の行動が、仕事のオン・オフの切り替えそのものになっていました。また、仕事仲間と集まる場としてのオフィスがあることでチームの一体感が醸成され、円滑な業務

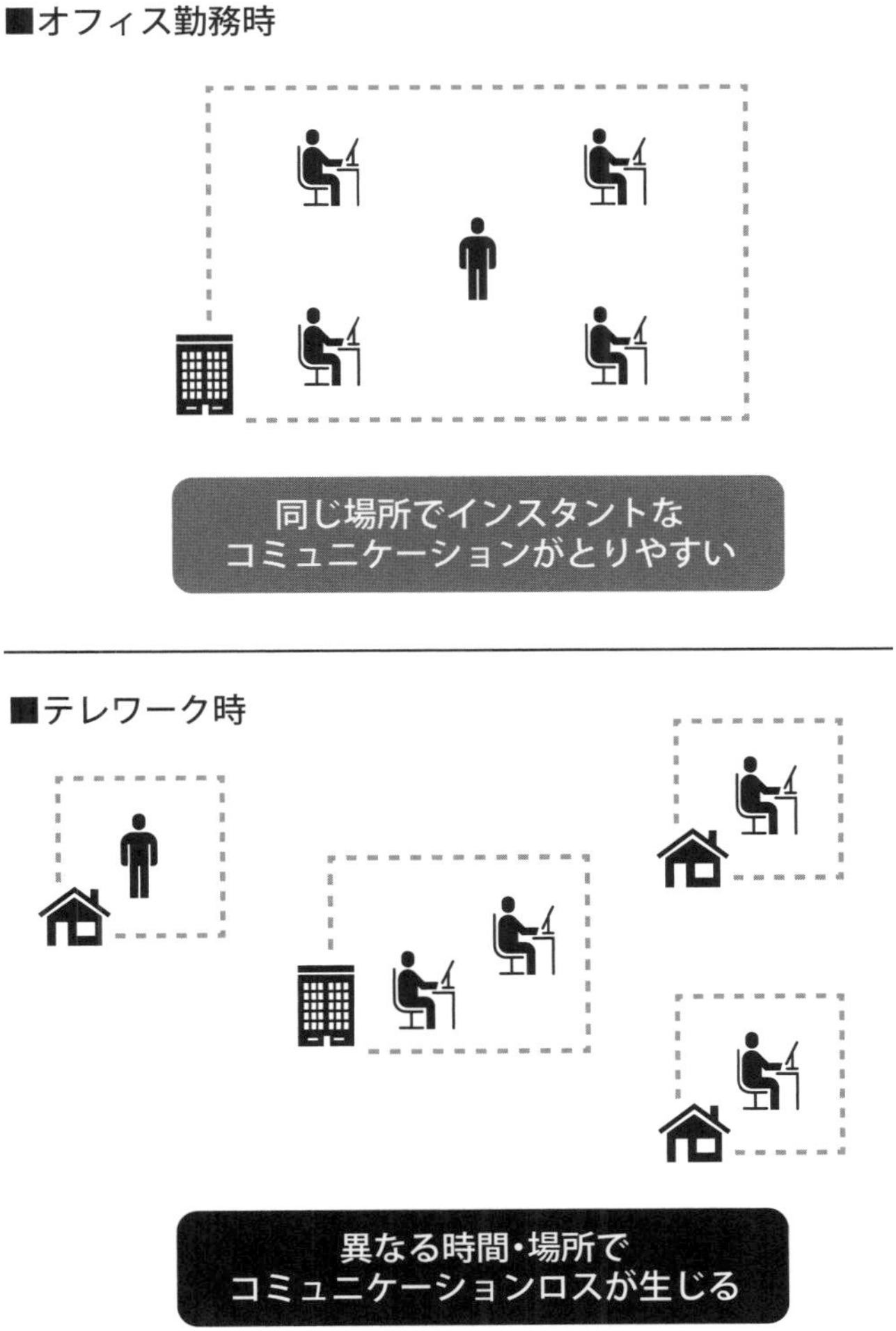
■オフィス勤務時
同じ場所でインスタントな
コミュニケーションがとりやすい
■テレワーク時
異なる時間・場所で
コミュニケーションロスが生じる

図1■ 分散化する働き方

遂行が保たれていました。しかし、状況は変わりました。コロナ禍がもたらした影響は、テレワークが日常に溶け込み、長期化したことで、オフィス前提の働き方に戻ることの方が難しくなりました。一度得た利便性を手放す必要はありません。組織としても、多くの個人としても、今後もテレワークありきの働き方は続くでしょう。

■デジタルへの集約

テレワークありきの働き方では、個々人の働く場所、時間は分散化したままです。それまでオフィスに集約されていたものが、物理的に分散化された状態のままで同じやり方をしていてもうまくいきません。私自身、完全テレワークによるチーム運営を始めてから最初の2年ほどは、組織運営やコミュニケーションの難しさを痛感していました。

リモートコミュニケーション習熟の過程で変化したことは大きく2つあります。一つ目は、業務に必要な環境がデジタルに集約されていったこと。二つ目は、リモートミュニケーションにおいて必要なスキルを自身が習得し、チームメンバーにもそのスキル習得を促せるようになったことです。

テレワーク前提になったことで、物理的に人は分散化しましたが、仕事にチームで取り組む状態は変わっていませんので、何かしら仕事上の情報や業務環境、コミュニケーション手段を集約する必要があります。

オフィスの代わりになる集約手段が、デジタル環境です。コロナ禍において、スムーズにテレワークに移行できた企業・組織の共通点は、以前から業務環境のクラウド化やデジタル化に取り組んでいたことです。この具体的な事例は、第4章で整理していきます。振り返れば、私自身、10年前からインスタントメッセージ・ツールを利用し、ノートパソコン経由で離れた他部署の方と業務上の連携を行う、ということを日常的に行なっていました。ウェブ会議にしても、5年前から当たり前にしていたので、コロナ影響で完全テレワークになっても何かが大きく変わる、ということはありませんでした。そして、デジタル化された業務環境に慣れたメンバーが多かったこともあり、チーム内のコミュニケーションにおいても大きな問題はありませんでした。

取り組んだことがあるとすれば、意識的にコミュニケーションの量を増やしたことくらいです。元々、デジタル化が進んでいた業務環境でしたが、この1年間でさらに進んだため、より業務効率やコミュニケーション効率は上がっています。これは、私の周囲だけではなく、全体的に起きている変化だと感じています。テレワークへの適応だけの問題ではなく、デジタル化は全世界的なトレンドであり、今後も益々発展していくでしょう。今や、日常生活でもリモートコミュニケーションが当たり前の時代です。より一層の生産性向上が求められるビジネスシーンにおいては、リモートコミュニケーションの必要性は間違いなく高まっていくでしょう。

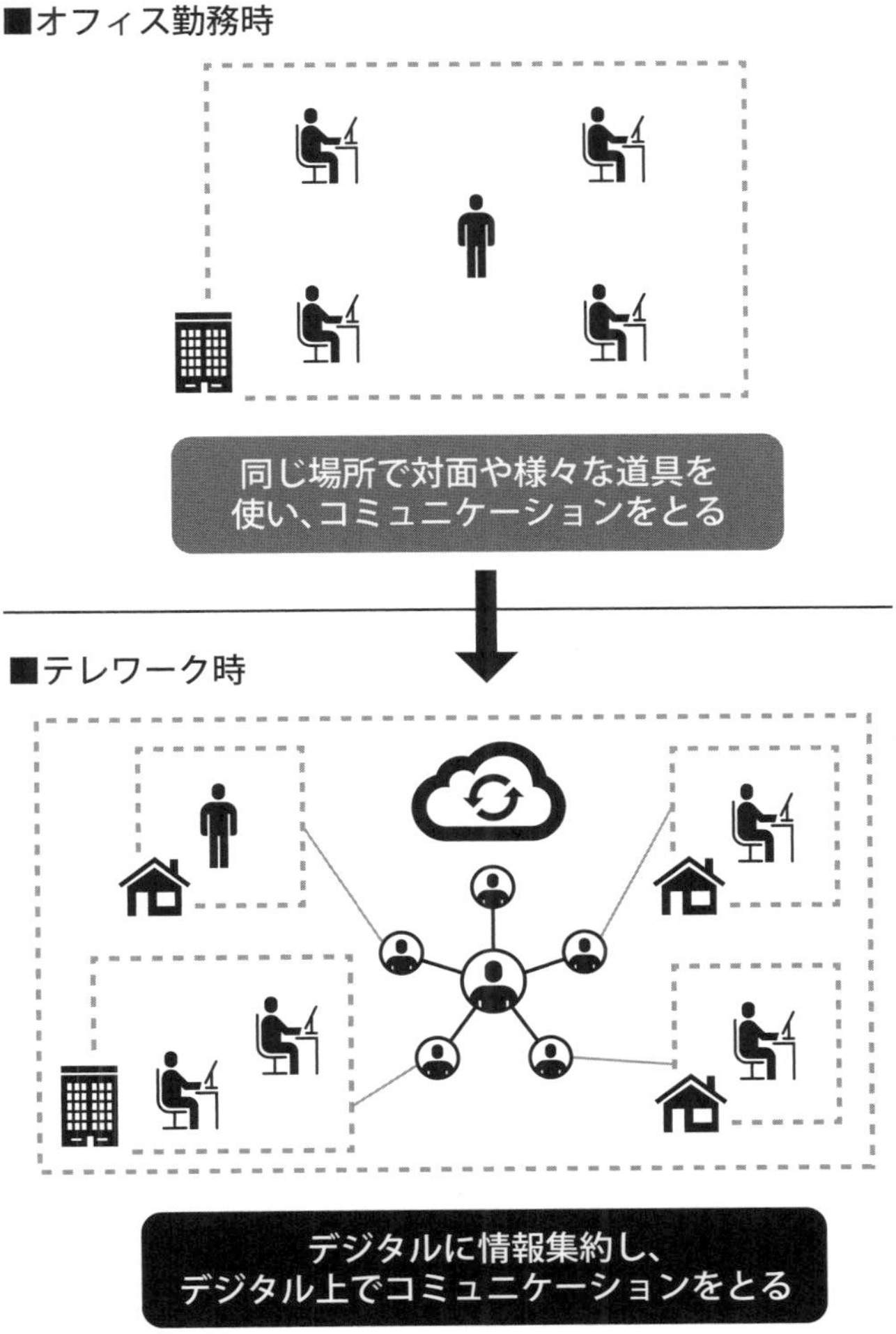
■オフィス勤務時
同じ場所で対面や様々な道具を
使い、コミュニケーションをとる
■テレワーク時
デジタルに情報集約し、
デジタル上でコミュニケーションをとる

図2■ デジタルへの集約する

■対面とリモートを使い分ける時代へ

コロナ収束後は、どうなるでしょうか。

オフィス勤務に戻る組織もあれば、オフィス勤務とテレワークのハイブリッド型、完全テレワークのまま、など組織や職種によってある程度分かれるでしょう。ただ、本書の冒頭でも触れた通り、皆さん自身の働き方に関わらず、リモートコミュニケーションを必要とするシーンはむしろ増えていくでしょう。テレワークをするかどうかの問題ではなく、社会全体のデジタル化が進み、リモートで様々な業務を進めることや、サービス自体を提供することは増加していきます。組織内のコミュニケーションにおいても、対面の方が良い場合と、リモートの方が良い場合とを使い分けるシーンが増えるはずです。

その選択において、あなたはどんなときに対面コミュニケーションを選び、どんなときにリモートコミュニケーションを選びますか？　この使い分けを自然にできることも、今後求められるリモートコミュニケーション能力の一つです。リモートと対面の使い分けについては、第2章「コミュニケーション・フェーズ」で説明しますが、対面コミュニケーションの優れている点、リモートコミュニケーションの優れている点、それぞれの利点を

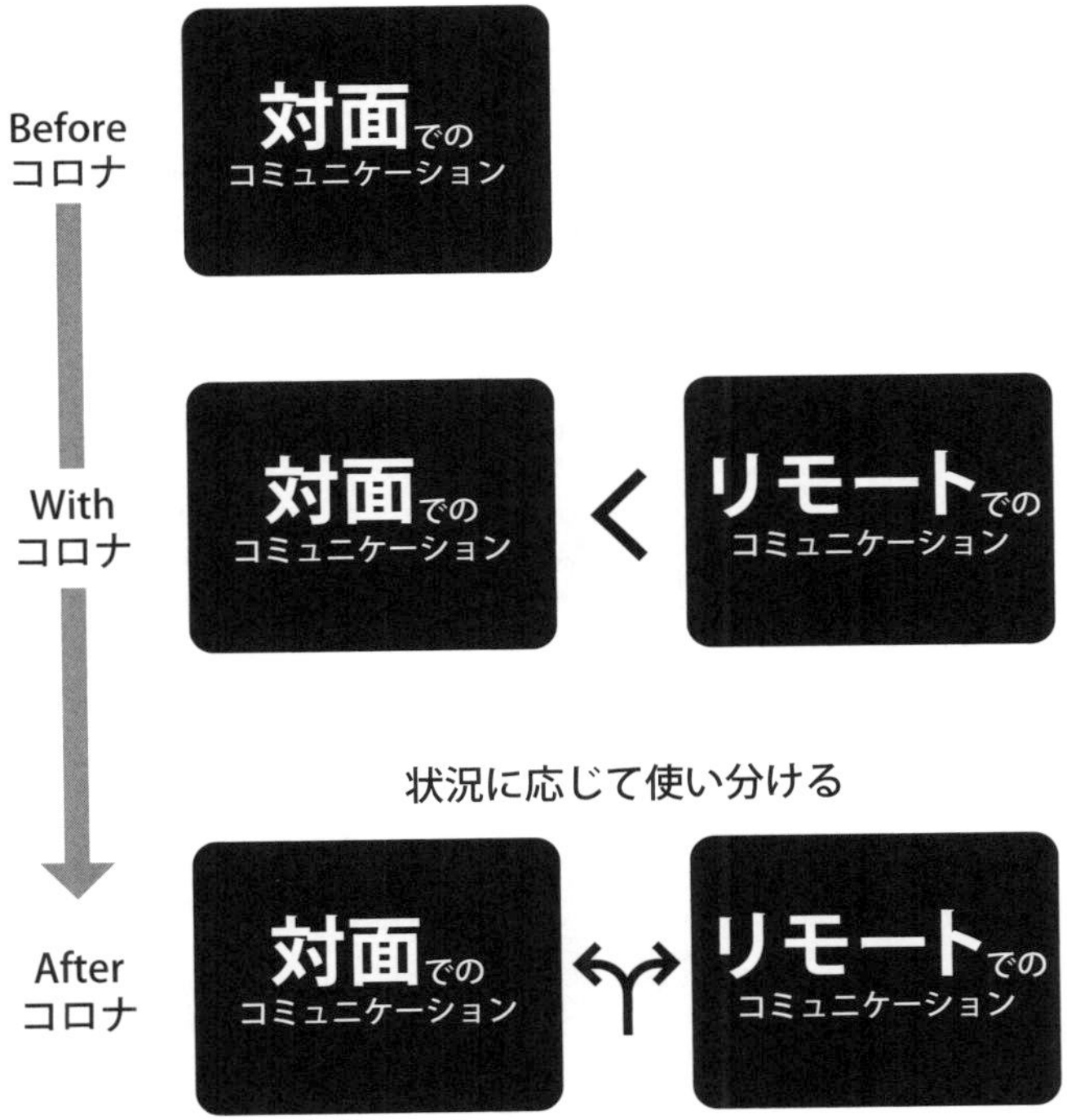

図3■ 対面・リモートコミュニケーションを使い分ける時代へ

把握していることが求められます。気分で選択するのではなく、それぞれの強みを生かして選べるようになりましょう。リモートコミュニケーションに不慣れと感じている方は、積極的にリモートコミュニケーションに取り組み、それぞれのコミュニケーションを使い分けるスキルを養う必要があります。

■テレワークは孤独か

完全テレワークを続ける意思決定をした組織の中には、「何だか不安だ」、「何だか寂しい」と感じる方も多くいると思います。テレワーク頻度の増加に伴い、「コミュニケーション量が減った」と感じている方は、比例して不安感も増しているのではないでしょうか。一方で、移動時間が減った分を「コミュニケーション量を増やす」ことに使えている方は、そこまで不安感は増していないと思います。

リモートコミュニケーション量が増加したことで「とても疲れる」という方もいらっしゃると思います。私もそう感じるときはあります。不安であるが故に、コミュニケーション量を増やしすぎれば、拘束される時間も増え、確認しなければならない情報量も増加するため、1日が終わるころにはどっと疲れを感じることもあるでしょう。適度なコミュニケーション量のバランスを保つことも必要になります。今後対面とリモートを選択できるようになれば、対面とリモートを使い分けることで、孤独感や不安感を解消していくこともできるでしょう。そして、リモートコミュニケーションが当たり前になっていく時代において、働く個人に求められることがデジタル・リテラシーやリモートコミュニケーション能力の他にもう一つあります。それは、「自律」です。

■求められる「自律」

本書のタイトルに「自律的に働くための」とつけたのは、リモートコミュニケーションを使いこなしていく上で、この「自律的に働く」ということが前提となり、より意識的に取り組んでいくべき働く姿勢、心構えそのものだからです。リモートコミュニケーションの増加に伴い、「孤独感」や「不安感」が増加する背景には、この「自律」が影響しています。自律的に働いているメンバー同士であれば、対面かリモートかに関わらず、パフォーマンスを落とすことなく、むしろパフォーマンスを上げて働くことができているでしょう。

また、リモートコミュニケーション能力を高めていくことは、この「自律的に働く」人を増やし、結果的に社会全体の効率化だけではない、生産性向上にもつながるだろうと考えています。

少し極論になるかもしれませんが、私たちは今まで「与えられた環境」で働くことに慣れすぎていました。その分、自分で考え、自分で判断し、自分で意思決定する機会が少なかったのです。コロナの影響は一つのきっかけに過ぎず、これからも私たちを取り巻く環境はどんどん変化していくでしょう。誰も答えを持っていない、先の読めない時代です。重要なことは、与えられた環境で、誰かが決めた判断に従うことではなく、自ら考え、自ら意思決定し、行動に移すことです。これができる「自律した個」同士であれば、対面かリモートかは大きな問題ではないと考えています。本書では、リモートコミュニケーションにおいて必要となるツールの知識やテクニックも説明していきますが、一番伝えたいことは、リモートコミュニケーションを使いこなす先にある「自律」の力を高めていただきたい、ということです。そして、この「自律」については、経験年数や年齢は関係ありません。これからの時代、新入社員から「自律」を求められるのです。誤解しないでいただ

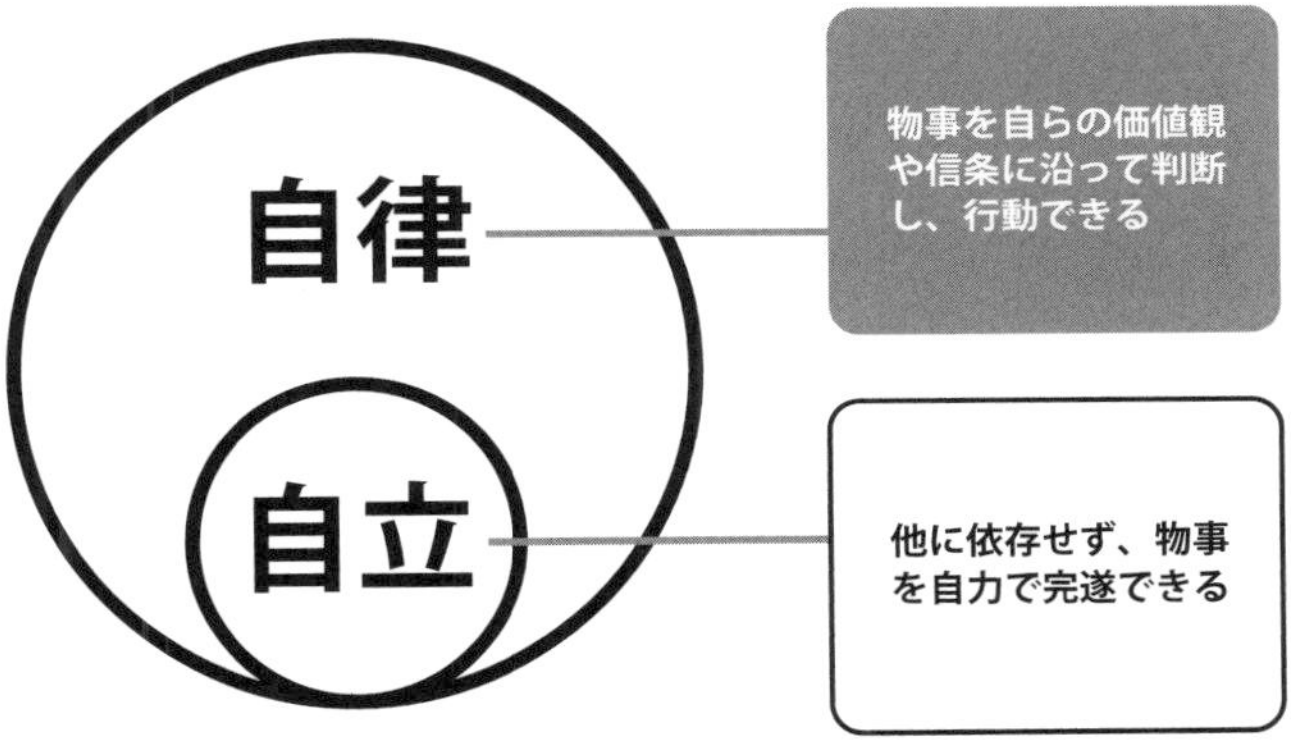

参考：村山昇「働くこと原論」http://careerscape.lekumo.biz/genron/

図4■ 自律とは

きたいのは、一人で仕事を進められる「自立」ではなく、自らの意思や考えを持つ「自律」が重要であるということです。ここから説明していくリモートコミュニケーション術が、その先にある「自律」にどうつながっていくか、是非読み進めながら意識してみてください。

リモートコミュニケーション小噺　その一

「飼い犬の鳴き声は気になるか？」

リモートでの会議が多くなり、自宅から会議参加される方も増えました。自宅というプライベートな空間から会議に参加するときに気になるのがウェブ会議のカメラごしに映る服装や部屋の様子。映像はカメラをオフにしたり背景を「ぼかす」機能や背景自体を変更できる「バーチャル背景」などの機能を使ったりすることで調整できますが、難しいのが「音」です。

リモート会議の「音」にまつわる話は多々あると思いますが、気になりやすい「音」としては、

・ペットの鳴き声

・子供の声

・周辺の工事の音

・宅配便などのインターホン音
・自動車や電車の通過音

などが挙げられるでしょう。私が一番困ったのは、完全在宅勤務になった直後に始まったマンションの大規模修繕工事です。自分の努力ではどうにもならない工事音は、一日中ウェブ会議をしている私にとっては大きなストレスでした。他にも、気にする人が多いのが「飼い犬の鳴き声」です。ウェブ会議中に鳴かれて、「ごめんなさい」と謝られたことが何度もあります。私自身、工事の音（特にドリル音）でご迷惑をおかけしていたので、「お互い様ですね」ということで、お互い声を張ってウェブ会議をしていました。

この経験から、気づいたことがあります。それは「自分が気にしているほど、その騒音を相手は気にしていない」ということです。ウェブ会議の相手からは「犬がうるさくてごめんなさい。」と言われるのですが、実はそんなに聞こえなかったのです。それよりも、私の環境側で不定期に鳴るドリル音の方がよほど気になります。マイクの収音性能や音の種類による違いはありますが、それでも自分が聞こえている音量と、相手に伝わっている音量は違います。リモートコミュニケーションの難しいところは、それぞれで環境が異なるため、音の聞こえ方も違う点です。

ヘッドホンやイヤホンでウェブ会議に参加される方が多いと思いますが、耳の不調などが原因でスピーカーホンに切り替えている人もいるでしょう。中には、音響にこだわって非常に高性能なマイクを接続されている方もいます。このように環境の違いにより、人によって「音」の聞こえ方は違います。音が気になってしまう一番の問題は、この聞こえ方の違いが自分には分からないということです。自分の環境で発生している騒音は、そのまま自分の耳で聞いていますので、「うるさい」と感じやすいでしょう。その「音」が、そのまま相手にも聞こえてしまっていると思うと、「申し訳ない」と謝りたくもなります。

大規模修繕工事の時期に私が利用していたのは、ノイズキャンセリング機能付きのヘッドホンです。工事音をゼロにはできませんが、自分の環境で発生している騒音をシャットアウトできますので、自分自身が気にならなくなります。

あとは、このヘッドホンがどの程度騒音を拾っているか、です。ウェブ会議ツールによっては、マイクとスピーカーのテストの機能があります。私はリモートでのセミナーや研修講師、重要な商談などの開始前は、必ずマイクとスピーカーの音量チェックをしています。このチェックを行うことで、自分の声・周囲の音をどの程度拾っているか、自分で確認できます。ウェブ会議先の相手のスピーカーの環境までは自力では確認できませんが、この音量チェックで聞こえる「音」と、相手が聞こえている音はそこまで極端な差異はないでしょう。工事やペットの鳴き声など、自分の周辺環境が気になっている方は、ノイズキャンセリングヘッドホンの利用と、ウェブ会議前のスピーカー&マイクのテストを試してみてください。

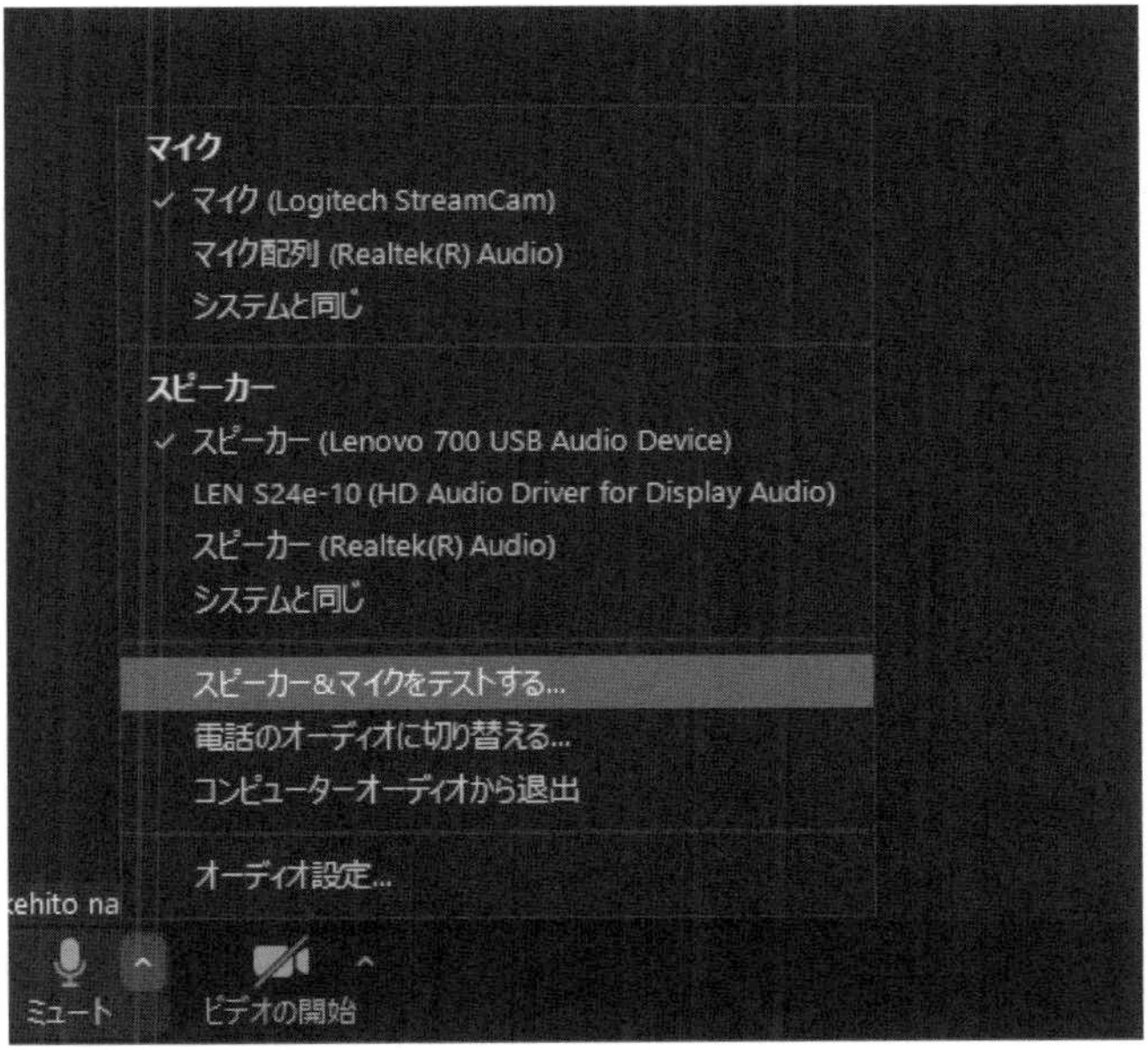

図■ ウェブ会議ツールのスピーカー＆マイクのテスト（Zoomの場合）

第2章　コミュニケーション・フェーズ

リモートコミュニケーションの話に入る前に、そもそもコミュニケーションとは何か。働く上でのコミュニケーションの全体像を整理した上で、リモートコミュニケーションのポイントを俯瞰して見ていきましょう。

■そもそもコミュニケーションとは

「業務を円滑に進める上で、コミュニケーションが大事」ということはよく聞くと思いますが、コミュニケーションとは一体何でしょうか。

コミュニケーションの意味は、以下の通りです。

コミュニケーション（英：communication）とは、「伝達」「通信」「意思疎通」などの意味の表現。「交流を図る」「意思を伝え合う」といった行動を指す意味合いで用いられることも多い。言葉を使った意思疎通だけでなく、文字を使った伝達、身振り手振りによる意思表示などもコミュニケーションに該当する。

日本語で「コミュニケーション」というと、基本的には人間同士が言葉を主な伝達手段に用いて行う意思疎通を指す。

コミュニケーション（communication）は英語の動詞 communicate に接尾辞を付けて名詞（抽象名詞）化した単語である。動詞 communicate は「（情報を）伝達する」という意味がある。語源はラテン語で「分かち合う」を意味する「communis」である。なお英語の common（共通する）なども同じ語源の単語である。

出典：実用日本語表現辞典

仕事におけるコミュニケーションで重要なのは、語源である「communis」（分かち合う）ことだと感じています。他者との物理的な距離が離れているからこそ、事務的に伝達すること・伝えることより、情報だけでなく意見や感情を相手と分かち合うことが大事なのです。コミュニケーションは、他者の存在があってこそ生じるものです。仕事においては複数人との関わり合いが、日々発生します。決まった相手とのコミュニケーションが多い人もいれば、日々多様な人たちとコミュニケーションをとる人もいるでしょう。どんな仕事を進める上でも、コミュニケーションに大きく影響するのが、「仕事のフェーズ（段階）」と「相手との関係性フェーズ」です。

リモートコミュニケーション中心になる以前から、この「仕事フェーズ」と「関係性フェーズ」は実はコミュニケーションの質に大きく影響していました。この「仕事フェーズ」と「関係性フェーズ」を、ここでは「コミュニケーション・フェーズ」として解説していきます。

■コミュニケーション・フェーズの全体像

本書では、仕事を進めていく上での仕事上および関係性のフェーズごとのコミュニケーションを、5つの変化段階に分けていきます。

①相互理解フェーズ
②前提共有フェーズ
③情報共有フェーズ

コミュニケーション・フェーズ

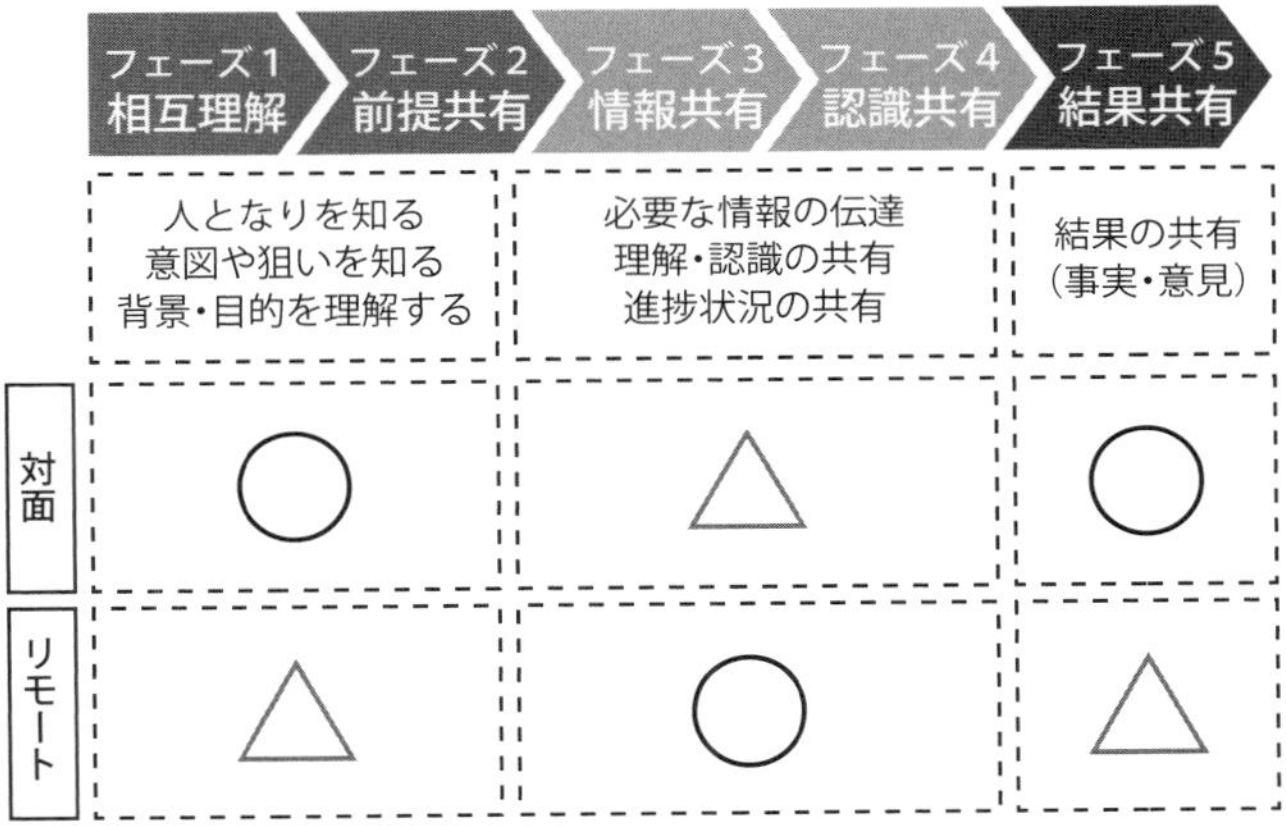

図1■ コミュニケーション・フェーズ

④ 認識共有フェーズ
⑤ 結果共有フェーズ

このようにフェーズに分けると、コミュニケーションは対面かリモートのどちらが優れているか、という議論ではなく、どのフェーズにおいては、どのコミュニケーション手段の方が適しているか、という考え方ができるようになります。フェーズごとのコミュニケーション手段を対面とリモートのどちらが適しているかを整理したものを**図1**に記します。

フェーズ1・2の相互理解、前提共有のフェーズでは、まだコミュニケーション相手との関係性ができていません。また、仕事を進める上での前提情報も同じ情報量ではない状態です。このフェーズは、対面であってもコミュニケーションの難易度は高く、丁寧なコミュニケーションを求められるフェーズです。チームの形成期や、新しい人材を受け入れる段階、新しいプロジェクトが始まる段階が該当します。コミュニケーションの目的としては、「互いの人となりを知ること」、「仕事の意図や狙いを知ること」、「背景を理解すること」、「目標や目的をつくり出すこと」などが挙げられます。敢えて対面コミュニケーションとリモートコミュニケーションを比較するならば、このフェーズにおいては、対面コミュニケーションの方が優っていると思います。理由は後述します。

フェーズ3・4の情報共有、認識共有のフェーズでは、相手との関係性も構築され、仕事上の前提知識や情報が共有されており、仕事の目的に向かって「前に進める」、または「繰り返す」フェーズです。このフェーズにおけるコミュニケーションの目的は、「仕事を前に進める上での情報の伝達」、「仕事上の理解や認識を共有・報告」、「仕事の進捗状況の共有・報告」です。このフェーズでは、業務環境がデジタル化できていれば、リモートコミュニケーションの方が優っているでしょう。こちらもポイントは後述します。

フェーズ5の結果共有は、仕事の種類においても位置付けが変わってきますが、仕事や関係性の節目だとお考えください。例えば、四半期末や事業年度末、プロジェクトのゴール期が該当します。このフェーズにおけるコミュニケーションの目的は、「仕事の結果そのものの共有」、「振り返りによる課題の整理」、「次に活かすことの発見や共有」などです。このフェーズのコミュニケーションは、リモートでも十分可能ですが、効率面というより感情面で対面を選択する場合もあるでしょう。私自身も、コロナ禍でなければ対面でコミュニケーションをとり、そのまま打ち上げに行きたいフェーズです。

このように、仕事と関係性の観点からコミュニケーション・フェーズを分けた上で、各フェーズにおけるリモートコミュニケーションのポイントを整理していきます。

■フェーズ1　関係構築

関係構築期におけるリモートコミュニケーションの難しさは、職場に配属された新入社員を受け入れている方や、新たなに配属されたばかりの方自身も感じているでしょう。パーソル総合研究所がコロナ禍に実施したテレワーク実施者に対する調査結果でも、年代別に見ると若い世代ほどリモートコミュニケーションを含むテレワーク時の不安感が高いことが分かります。

関係構築期におけるリモートコミュニケーションに対する不安感は、私も身に覚えがあります。私のチームで新人メンバーを受け入れた際の話です。私のチームでは、配属時からテレワークになりますので、対面で会うのは配属初日くらいです。コロナ禍以降は、一度も会うことなくリモートコミュニケーションのみ、ということもあります。配属される

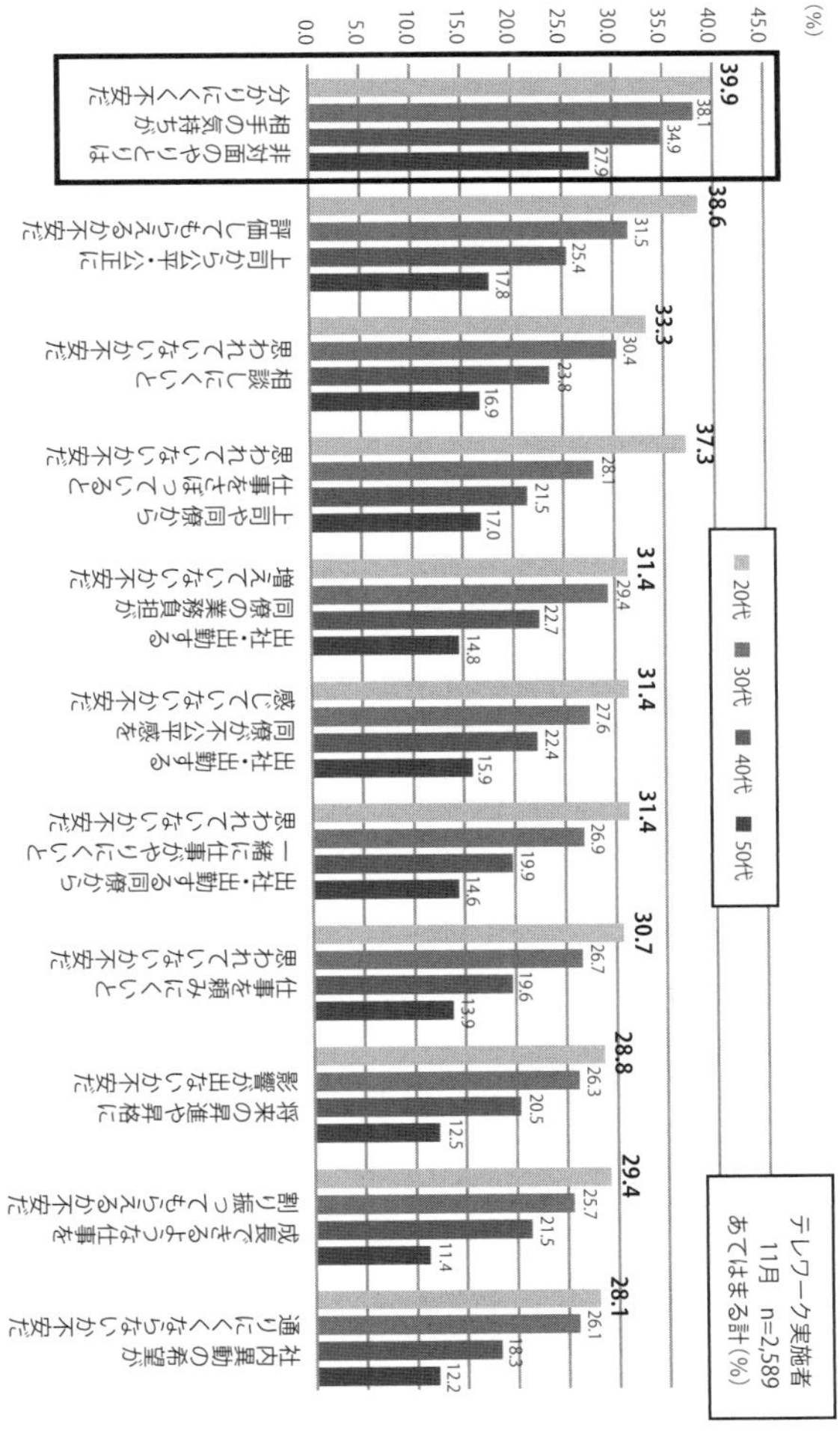

出典:パーソル総合研究所　第四回・新型コロナウイルス対策によるテレワークへの影響に関する緊急調査
https://rc.persol-group.co.jp/thinktank/research/activity/data/telework-survey4.html

図2■ 年代別に見るテレワークの不安

新人メンバーからすると、様々な不安があるでしょう。

受け入れる側はその不安感を頭で想像できていても、実際の不安感を分かっていないのが実際のところでしょう。「すぐ慣れるから大丈夫ですよ」などとよく言っていたものです。「不安なこと、分からないことがあれば気軽に相談してくださいね」とも伝えます。一度も会っていない、どんな人かも分からない人に気軽に相談できるでしょうか。

新人メンバーを多く受け入れたとき、私はこの失敗を経験しました。誰も相談になど来ないのです。当時、私の立場は部長職。私としては「役職など関係ないので、いつでもフラットに相談して欲しい」と伝えていましたし、事実私はいつでもそうしていますので、私のことをよく知っているメンバーなら遠慮なく私にチャットなり、ウェブ会議なりで相談を入れてくれます。ですが、この時受け入れた新人メンバーから私宛に相談が来ることはありませんでした。

新人からすると、言葉で「気軽に相談してもいいよ」と言われても、それは無理でしょう。そもそも何を相談していいのか分からないということもあるでしょうし、気軽に相談したら「こんなことも分からないのか」と思われてしまうかもしれません。こういった事情を、受け入れる側は本当の意味では分かっていないことがほとんどです。新人メンバーが相談してくれるようになったのは、配属から数カ月後、一人ひとりと対面で1オン1ミーティングやランチなどを通じて業務外の会話を行なった頃からです。そこで、私は自分自身のことを話し、相手の考えていることや感じていることを聞くようにしました。こういった関係性構築のためのコミュニケーションを経て、「どうやら本当に気軽に相談しても大丈夫らしい」と思ってもらうと、人ぞれぞれではありますが気軽に相談してくれるようになりました。

関係構築期において重要なのは、感情を通わせる相互理解と信頼構築です。このフェーズにおいては、可能であれば対面でのコミュニケーション機会を設ける方が望ましいでしょう。会って話すことのによる緊張感と安心感が、表情や立ち振る舞いなどのノンバーバル・コミュニケーション（非言語コミュニケーション）も含めて、互いを知るということを助けてくれているためです。リモートコミュニケーションは、「言語コミュニケーション」中心になりますので、感情を伝える上で重要とされている非言語コミュニケーションにはまだ敵わないでしょう。

では、関係構築期もリモートコミュニケーションで行わなければならないときはどうすればいいでしょう。関係構築期におけるリモートコミュニケーションのポイントは、コミュニケーション「頻度」と「密度」を上げることです。

関係構築期は、「相互理解」と「信頼構築」を目的としてコミュニケーションをとっていく必要があります。これをリモートで取り組む上では、コミュニケーションを積み重ねる「頻度」は重要です。最初のうちは短時間でもいいのでできるだけ毎日コミュニケーション機会をつくることが望ましいです。また、頻度だけではなく、「密度」を上げるためには、できるだけ少人数のコミュニケーションの方が望ましいです。新人の受け入れ時であれば、一人ひとり30分でいいので1オン1の機会を設けてください。また、内容は業務上の話ではなく、雑談の割合を多くしましょう。しつこいですが、このフェーズのコミュニケーションの目的は「相互理解」と「信頼構築」です。業務の話を中心にするのはこの後のフェーズです。まずは、人として、自分を知ってもらうこと、相手を知ること、信頼関係を積み上げることを大切にしましょう。状況にもよりますが、関係構築期は概ね2カ月程度かけて取り組むのが良いでしょう。

■フェーズ2　前提共有

いよいよ仕事上のコミュニケーション・フェーズに入っていきます。このフェーズは、関係構築期と同時期に並行して進めることになるでしょう。このフェーズで重要なことは、「前提共有」とは「前提条件や情報は、人によって異なっていることを理解する」ということから始まる点です。仕事やプロジェクトを進める上で、前提条件や情報をそろえていくことは大切です。ですが、経緯や背景の違う人間同士、完全に仕事上の前提が一致することはありません。前提条件をそろえる努力は重要です。しかし、まずは「互いの前提の違い」を理解することがスタートです。

前提の違いを理解した上で、この後のコミュニケーション・フェーズを円滑に進めていくために重要なことは、この仕事やプロジェクトの目的、ゴールを共有することです。何のために取り組むのか、なぜ取り組むのか、どうなれば達成（完了）なのか、など仕事の種類によって当然内容は異なりますが、仕事上で関与する人たち同士、この「目的・ゴール」が一致していることはとても重要です。

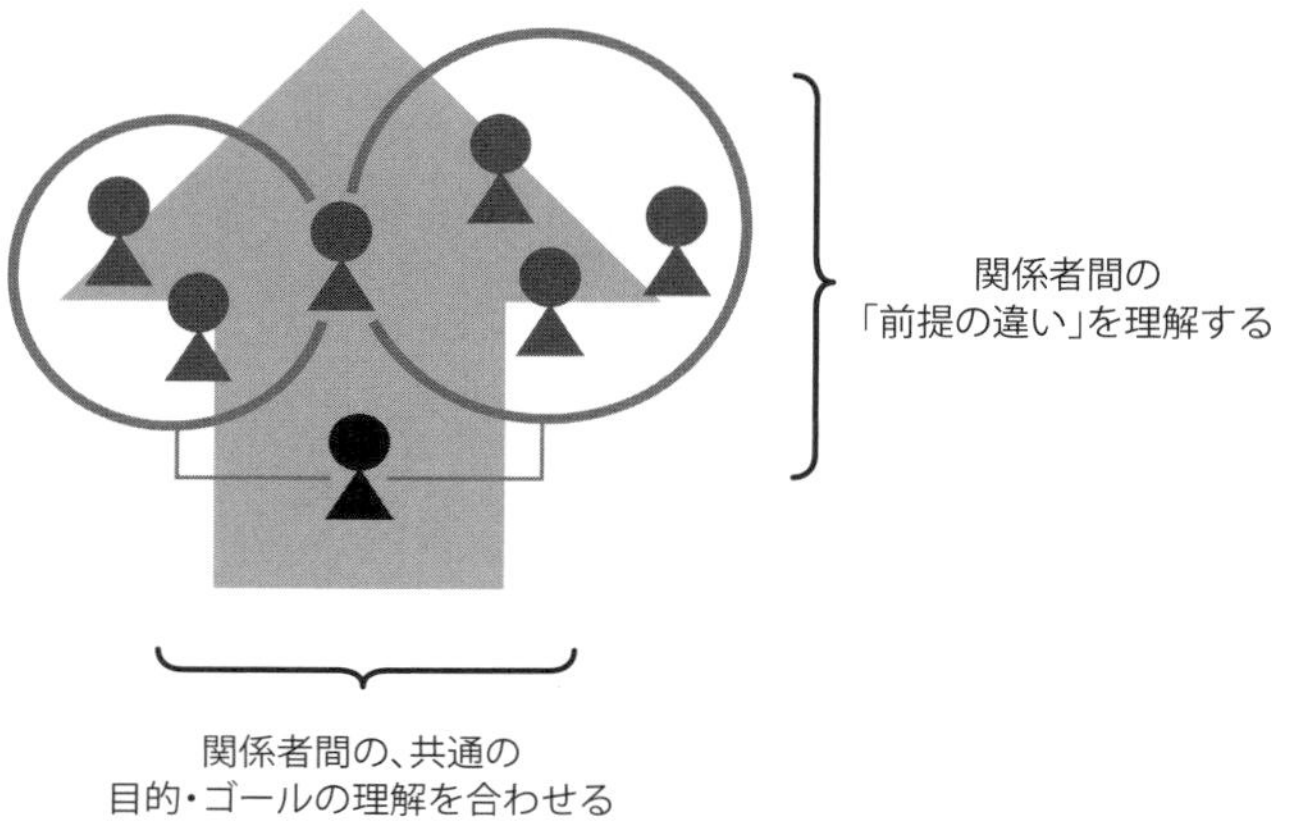
関係者間の
「前提の違い」を理解する
関係者間の、共通の
目的・ゴールの理解を合わせる

図3■ 前提共有フェーズ

この前提共有フェーズにおけるリモートコミュニケーションのポイントは、「仕事上のゴール・目的」と「それぞれの役割」の可視化と共有化です。ゴールや目的ができるだけ具体的に、関係者の誰が見ても理解できるように言語化されていること、できるなら測定可能な数値化されていること。そして、その共通の目的・ゴールに向かっていく上での関係者全員の期待される役割についても具体的に言語化され、共有化されていることが望ましいです。

この2点が相互に理解がある状態をつくることができればベストですが、リモートでどのように取り組むのが良いでしょうか。

私が最近取り組んだのは、チーム全体で「共通の目的とそれぞれの役割を言語化する」ということです。1カ月弱時間をかけることになりましたが、オンライン・ホワイトボードツールとチャットツールを使い、チーム全体の目的・ゴールとメンバーそれぞれの役割をOKR（Objectives and Key Results）というフレームワークを用いて可視化し共有化しました。OKRは、本来は目標の設定・管理のためのフレームワークであるため、人事評価の観点でよく用いられますが、私のチームではチームビルディングのフレームワークとして利用しています。この事例で重要なのは、ＯＫＲというフレームワークは手段でしかなく、関係者全員で共通の目的・目標とそれぞれの役割を言語化していく過程を共同で行なっていることです。

リモートコミュニケーションで取り組むからこそ、「同じものを見ながら、共同で、共通のものを作っていく」という過程が重要です。誰かが決めた目標や役割を、言葉尻だけで言い渡されても納得感があるでしょうか。前提条件が異なる者同士で、共通の目的に向かう。かつそれを物理的に分散化された状態で、個々人が自律的に進める、というのは難しいことです。納得感と深い理解がなければ、日々の思考や行動につながっていきません。だからこそ、誰かに決めてもらうのではなく、自分たちで考え、自分たちで決めていく、という過程が重要になります。

前提共有フェーズにおけるリモートコミュニケーション最後のポイントは、「どの方法でコミュニケーションをとるか」という手段の前提条件を決めておくことです。コミュニケーションツールを決めるだけではなく、使い方や使用する上でのルールなどを決め、関係者間にしっかり共有されていることが重要です。ツールの使い方やマニュアルなどを作

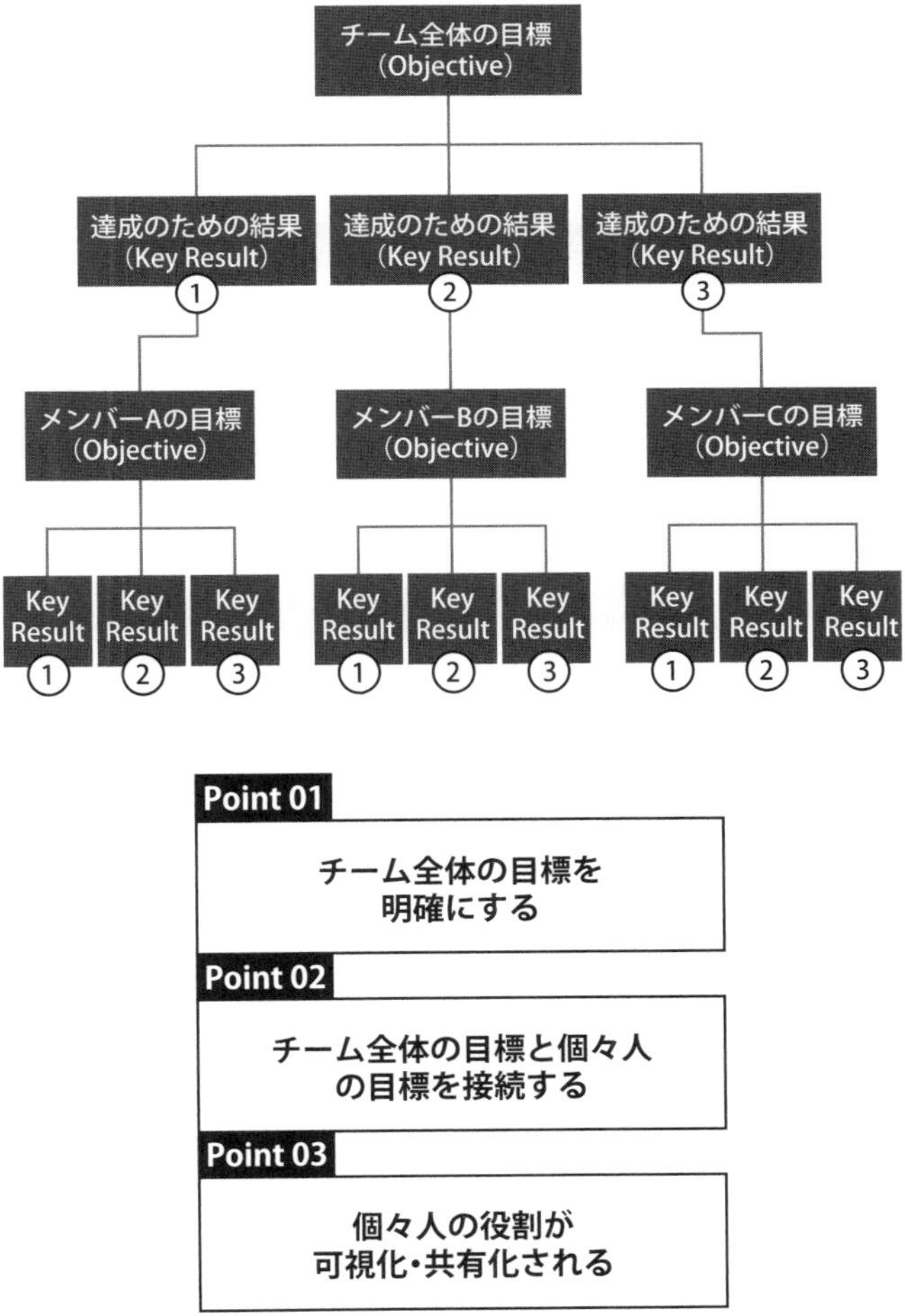

図4■ OKRによる目標と役割の可視化

成し、誰でも閲覧できる場所に配置することや、ツールやルールに習熟した方を決めて、不明点や不具合があった際に確認できる方法を確立しておくことも大切です。このフェーズは、コミュニケーション工数もかかりますし、手間もかかりますが、この後のフェーズを円滑に進めるために、手を抜いてはいけません。

■フェーズ3　情報共有

関係構築・前提共有のフェーズを経て、仕事を前に進めるフェーズに入ります。日々状況が進展し、変化し、新たな課題が発生するフェーズです。仕事上のコミュニケーション・フェーズにおいて、この情報共有フェーズと認識共有フェーズは、最も長く、中心的なフェーズとなります。前フェーズまでの関係構築と前提共有がどれだけしっかり取り組めているかによって、情報共有フェーズと認識共有フェーズにおけるコミュニケーションの円滑さが変わってきます。

情報共有フェーズは、デジタル業務環境が整っていれば、リモートコミュニケーションは効率が良く、各種判断や意思決定のスピードも向上するため、最も業務効率化が見込める工程です。デジタル業務環境が整っているとはどういうことか、詳細は第4章で説明しますが、「業務に関する情報が場所を選ばずアクセスでき、閲覧・更新・各種連絡ができる」状態とお考えください。完全テレワークを行なっている組織のほとんどが、何かしらのグループウエアツールを基盤として、ビジネスチャットツールをコミュニケーションのインフラとし、各種会議はウェブ会議ツールを用いて業務を行なっています。加えて、様々な業務プロセスのワークフローや各種資料の作成（入力）・閲覧・更新もリモートで行うことができます。

デジタル業務環境があれば、完全テレワークであっても業務上のリモートコミュニケーションは可能です。仕事を進めていく上で、情報共有は日常的に発生します。様々な情報が、様々な関係者間でやりとりされる、大量のコミュニケーションが発生しても問題なく業務上の情報を共有できます。

リモートコミュニケーションで組織や個人が課題を感じる要因はいくつか挙げられますが、このフェーズでは2つあります。一つ目は、「デジタル業務環境が整っていない」状態でリモートコミュニケーションをしなければならない場合です。この点については、第

4章でリモートコミュニケーション環境チェックリストを用意していますので、是非自己点検してみてください。二つ目の要因は、フェーズ1　関係構築とフェーズ2前提共有がしっかりとできていない場合です。フェーズ3　情報共有フェーズに入ってから、リモートコミュニケーションの難しさを実感している方が多いと思いますが、実はそれ以前の環境整備と前工程ができていないことが要因となります。思い当たる節があれば、今からでも遅くありません。一度前のフェーズに立ち戻ってみてください。

■フェーズ4　認識共有

認識共有は、情報共有フェーズの中で生じます。仕事を進めていれば、状況が変わることは多々あるでしょう。「昨日まで聞いてた話と違う」などということもあり得るでしょう。何かが変化しているのです。当初決められた通りのやり方、計画通りに仕事が進めばいいのですが、そうはいかないことの方が多いでしょう。外部環境が日々変化していますので、一度決めた目標や目的そのものを見直さざるを得ないこともあるでしょうし、あらかじめ共有していた役割や手段が変更になることもあり得るでしょう。仕事をしていく上で、変化が起きないことなど、ほとんどないのです。

そうなると、フェーズ2で固めた「前提」が変わってきます。リモート状態では、この変化の認識共有が非常に重要になります。この前提が変わった際の認識が共有されないと、フェーズ2自体が無駄になってしまい、せっかく順調に進んでいたリモートコミュニケーションに綻びが生じてきます。では、どうすれば良いでしょうか。フェーズ3情報共有フェーズの中で、前提に変化が生じたことを関係者間で認識合わせをする機会を設けておくことが必要になります。しかし、変化そのものを予測しておくことは困難であるため、定期的に認識を合わせる機会を設定しておく必要があります。何の変化も起きていなければ、「それはもう分かってるよ」と思われるかもしれませんが、それでも、あらかじめ「認識共有の機会を決めておく」ことが、リモートコミュニケーションにおいては特に重要です。

私のチームの場合は、情報共有サイクルは毎週1回、認識共有サイクルは月1回設けています。もちろん、すべてリモートコミュニケーションで実施しています。この認識共有フェーズは、チームリーダーやマネジャーであれば特に意識していただきたいフェーズですが、一人ひとりが意識しておくことで、「認識共有の必要性」を感知できる確率が高まります。日常的な情報共有サイクルを回している中で、「おや？」と思うことがあれば、積極的に関係者に対して「何か変わった？」と発信することを恐れず、億劫がらずに取り組んでいってください。

そもそも、全員の前提は異なっているのですから、どれだけ目的・目標やコミュニケーション手段をそろえていたとしても、入ってくる情報も捉え方もそれぞれ違うのです。誰も、あなたがどんな異変に晒されているかは分かりません。ただ、一方でその「違和感」は、見えていないだけで他の関係者も同様に感じている可能性が極めて高いです。言い出してみれば「それ、実は私も気になってたんですよ」という方も多いはずです。この違和感を放置すれば、せっかく作ってきた前提共有が崩れ、仕事上のコミュニケーションが崩れていってしまいます。計画的に「認識共有」機会を設けておくこと、「違和感」を検知したら、勇気を持ってその違和感を発信すること、を忘れないでください。

■フェーズ5　結果共有

どんな仕事でも節目があります。結果共有フェーズは、仕事の節目における結果の振り返りと共有を行うフェーズです。このフェーズも、対面が望ましいですが、それは合理的な理由というよりは感情的な理由です。節目くらいは会ってコミュニケーションを取りたいものです。節目において、振り返りをしっかりと行う、ということも非常に大事なコミュニケーションです。この振り返りの「深さ」も、現時点のデジタル技術においては、対面の方がまだ優れていると思います。これは、フェーズ1の関係構築と同様の理由です。良い結果であっても、悪い結果であっても、結果に向き合うという行為には、過去に向き合うと同時に未来に向かうことも含まれています。仕事の結果がどうだったかの問題だけではなく、仕事の過程において良かったこと、見直すべきこと、称賛すべきこと、課題として捉えるべきことなど様々なことがあるはずです。結果共有だけを事務的に行うこともできますが、コミュニケーションの観点から見れば、非言語コミュニケーションも含めて、感情的な側面の振り返りを行うことも大切です。

ただ、コロナ禍の今、そして今後も距離にとらわれず多様な関係者と共に働く機会が増えることを考えると、結果共有のフェーズであってもリモートコミュニケーションで行うことも増えるでしょう。結果共有フェーズにおけるリモートコミュニケーションのポイントは、「全員参加」と「心理的安全性」です。心理的安全性は、リモートコミュニケーションの全フェーズにおいて重要ですが、結果共有フェーズにおいては特に重要です。「全員参加」とは、結果共有に関する全ての関係者、一つのチームであればそのチームメンバー全員が結果共有コミュニケーションの機会に参加し、発言をしている状態です。

この全員が発言している状態をつくり出すために「心理的安全性」が重要になります。リモートコミュニケーションにおける「心理的安全性」とは、リモートであっても「言いたいことが、言い合える」状態です。ここまで、関係構築から前提共有、情報共有、認識共有がしっかりできているチームであれば、メンバーそれぞれに役割があり、それぞれにうまくできたこと、できなかったことが存在しているはずなので、メンバー全員が発信することがあるはずです。

ですが、実際にはどうでしょうか。リモートコミュニケーションの状態で、全員が等しく振り返りを行い、発信できている状態を経験した方がどの程度いるでしょうか。

これは対面かリモートコミュニケーションかの問題ではなく、できていないことが多いのです。「全員参加」と「心理的安全性」は、実はリモートコミュニケーションの方が実現しやすい面もあります。会議ひとつとっても言えることですが、チャットやオンラインホワイトボードツールなどを併用することで、発言・発信がしやすい状況を作れる、ということです。リモートコミュニケーションは、工夫次第で物理的な発言に頼らず、意見などを発信しやすい状況を作りやすくなります。

そのためには、デジタル業務環境が使える状態にあり、「全員参加」と「心理的安全性」を生み出すためのファシリテーションが機能していることなどの条件はありますが、人によってはリモートの方が「言いたいことが言いやすい」という人もいるでしょう。結果共有フェーズでは、自分自身のためチームのためにも、仕事の過程において良かったこと、見直すべきこと、称賛すべきこと、課題として捉えるべきことなどを分かち合うことが大切です。ここが中途半端に終われば、この仕事から得るもの、残すものも中途半端になってしまいます。リモートコミュニケーションであっても、工夫次第で対面以上の効果を出すことができます。対面で感情を通わせることも大事ですが、それ以上に「チームの全員が、言うべきことを言えている」という状態を実現することの方が重要です。

本章では、コミュニケーションのフェーズを分けて、各フェーズにおけるリモートコミュニケーションのポイントを説明してきました。フェーズごとに俯瞰して見ることで、リモートコミュニケーションの捉え方が見えてきたでしょうか。このリモートコミュニケーションに取り組む全員が、リモートコミュニケーションの心・技・体を身につけることで、リモートであっても対面と同等、場合によってはそれ以上のコミュニケーションを確立することができます。第3章以降は、リモートコミュニケーション術を身につける方法について説明していきます。

リモートコミュニケーション小噺　その二
「ワーケーションとリモートコミュニケーション」

ワーケーションという言葉をよく聞くようになりました。私は、地方創生テレワークのプロジェクトにも5年前から関わっていましたので、初めてワーケーションという言葉を聞いたのは2017年頃です。ワーク＋バケーションということで、長期休暇中の旅行先でのテレワークを促すことで、地域への人の流れを促すという地方側の期待と、社員のワークライフバランスの向上を促したい企業側の意向をつなぐ施策として注目されました。休暇中も仕事をさせる気か、という声もよく耳にしましたが、出張と旅行をうまく組み合わせてワーケーションを楽しんでいる方もいました。ですが、日本においては、休暇旅行中にテレワークというのが一般的に普及するのはなかなか難しそうです。

最近では、このワーケーションに新しい意味を提案する事例も出てきました。例えば、三菱地所が提供している「三菱地所のＷＯＲＫ×ａｔｉｏｎポータルサイト」

(https://workxation.mec.co.jp/)では、ワーク＋バケーションではなく、ワーク×コミュニケーション、ワーク×イノベーションといった様々な「ａｔｉｏｎ」をテレワークと掛け合わせることで、仕事の中におけるワーケーションの新たな意味を生み出そうとしています。

本章では、コミュニケーション・フェーズにおける関係構築期や結果共有期においては、対面コミュニケーションの方が望ましいと説明しましたが、このフェーズにワーケーションを活用することで、よりコミュニケーション効果を高めることが期待できます。ワーケーションの良いところは、「非日常空間」に身をおいて仕事できる点です。関係構築期や結果共有期では、コミュニケーションをとる条件をよりフラットに、心理的安全性を実現できる環境が望ましいです。このときに、遠方の非日常空間で気分を変えてコミュニケーションできるワーケーション（ワーク×コミュニケーション）は、コミュニケーションの質を高めてくれます。この方法では、対面コミュニケーションになるわけですが、私はこのワーケーションも一種のリモートコミュニケーションだと考えています。毎日物理的に顔を合わせないからこそ、非日常空間で顔を合わせることで、短期間であっても相互理解が促進でき、より踏み込んだコミュニケーションもとりやすくなります。

場の持つ力というのは、ツールとは異なる効果を持っています。企業の中には、本社や主要な拠点をワーケーション施設にするケースも出てきました。研修施設として活用する場合もあれば、本社自体をワーケーション施設として移転するケースもあります。こうなってくると、数年前までのワーケーションとは意味合いが変わってきます。テレワークの長期化とリモートコミュニケーション環境の発展により、デジタルの世界では距離を越えることが容易になってきました。まだ時間はかかりそうですが、コロナ収束後は、デジタル上のリモートコミュニケーションだけではなく、ワーケーションも交えた多様な「場」を活用したリモートコミュニケーションが為されていると考えると、ワクワクしませんか？

ワーケーションとは、「ワーク（Work）」と「バケーション（Vacation）」を組み合わせた欧米発の造語です。

リゾートなどの環境のよい場所で、休暇を兼ねてリモートワークを行うライフスタイルを指すことが多く、有休取得率が上がらないという問題の解決策として、欧米では広く浸透してきています。

三菱地所では「ワーケーション」を、休暇ではなく、「Workの質を高め、様々なationを生み出す働き方」と定義し、イノベーションを起こすための新しいワークスタイルとしてご提案します。

その結果、チームメンバーのモチベーション（Motivation）がさらに向上し、社内に良い循環を生み出す。

人を、会社を、社会を、元気づける新しい働き方です。

当サイトで、ぜひあなたのお気に入りのワーケーション施設をみつけてください。

予約お問い合わせフォームからのご相談１本で、あなたにぴったりのワーケーション体験をトータルコーディネートの上ご提案いたします。


図■「三菱地所のWORK×ationポータルサイト」（https://workxation.mec.co.jp/）

第3章　リモートコミュニケーション・スキル

リモートコミュニケーション術を体系的に説明するために、本書では「リモートコミュニケーションの心（マインド）・技（テクニック）・体（スキル）」の考え方を用いて整理していきます。まず、リモートコミュニケーションの基本行動（体）となるスキルにはどんなものがあるか説明していきます。

リモートコミュニケーション・スキルの全体像

コミュニケーション・スキルは、一般的には意思疎通や感情を分かち合うことで、仕事を円滑に進め、より良い人間関係を構築していくために必要とされています。細分化していけば、言語化力、説明力、傾聴力、質問力、共感力などが挙げられるでしょう。リモートコミュニケーションになったとしても、コミュニケーションに求められる必要なスキルは基本的には変わりませんが、リモートコミュニケーション機会が増加していることで、必要とされるスキルはより広くなっています。

10年近くテレワーク前提で働いてきた筆者の経験から、リモートを前提としたコミュニケーション・スキルを整理すると以下のようになります。

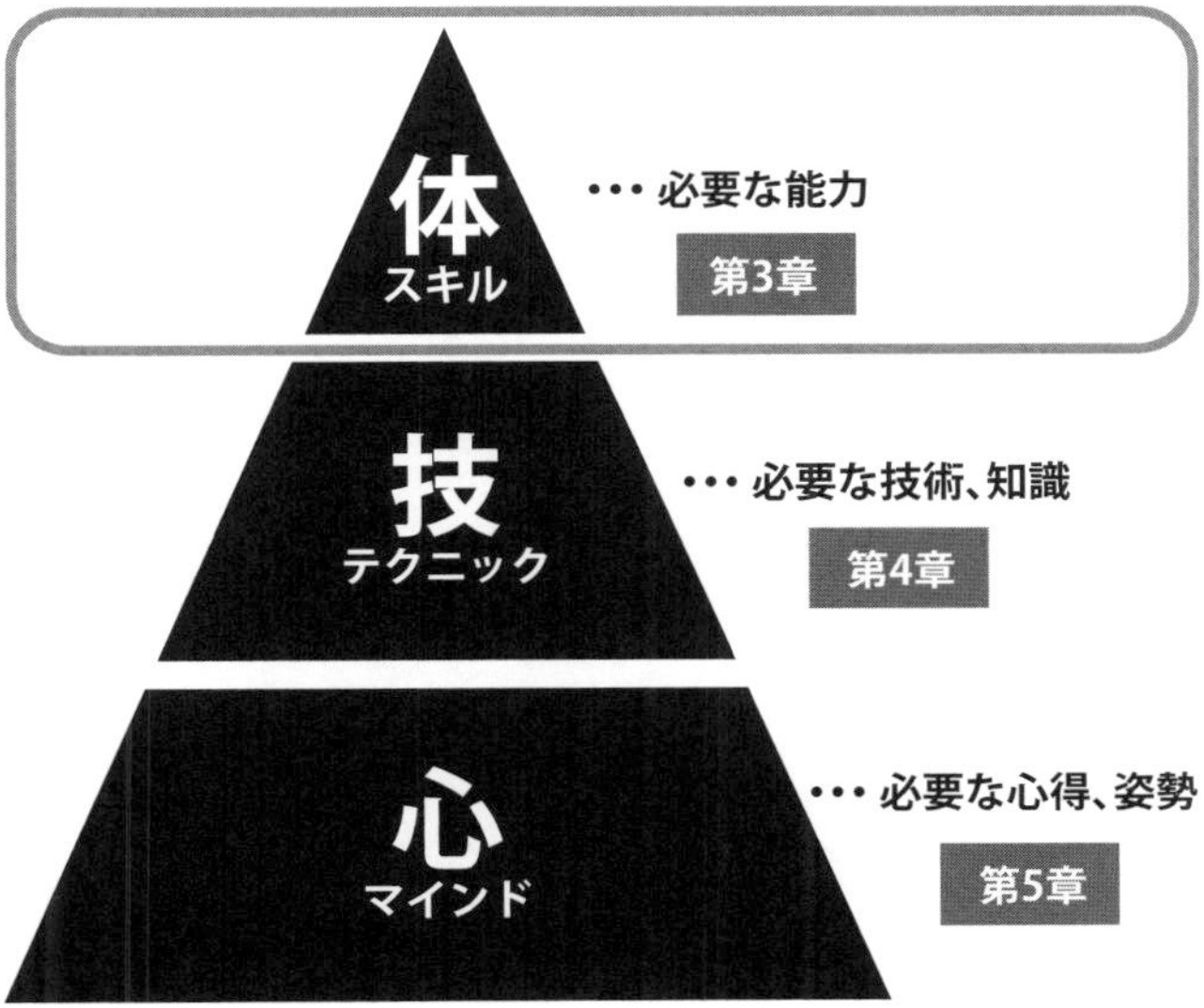

図1■ リモートコミュニケーションの心·技·体

・感知する力
・受信する力
・発信する力
・接続する力

各スキルを先のコミュニケーション・フェーズで分類したものが図1になります。必ずしもフェーズごとに必要なスキルが異なるわけではありませんが、前章でお伝えした通り各フェーズでリモートコミュニケーションのポイントが異なりますので、より必要となるスキルを記載しています。

リモートコミュニケーションになって、不安感が増す、コミュニケーションが難しくなったと感じるのは、相手の状況が見えないためです。当たり前ですが、相手側も同じくあなたの状況は見えていません。デジタル業務環境が整っていたとしても、この「お互いが見えない」状態はリモートコミュニケーションでは当たり前になっています。擬似的に互いを見える状態にするバーチャルオフィス・ツールも徐々に事例が出始めていますが、実践

	フェーズ1 相互理解 フェーズ2 前提共有	フェーズ3 情報共有 フェーズ4 認識共有	フェーズ5 結果共有
感知	▶共感力 ▶気づく力	▶観察力 ▶先読み力	▶内省力
受信	▶受容力 ▶情況把握力	▶文脈を読む力 ▶情報整理力	▶腹落ち力
発信	▶自己開示力 ▶言語化力	▶説明力 ▶拡散力	▶まとめ力
接続	▶つなぐ力		

図2■ コミュニケーション・スキルマップ

的に運用できている組織は少数でしょう。仮に、バーチャルオフィスが運用されたとしても、「相手が見えない」状態でのリモートコミュニケーション・スキルは必要になります。

ここからは、「相手が見えない」前提で、求められるリモートコミュニケーション・スキルがどのようなものか、どのように生きていくかを説明していきます。

感知する力

フェーズ1関係構築期やフェーズ2前提共有期においては、相手の人となりもよく分かりませんし、仕事の背景や目的も理解が浅い状態です。この状態で求められる「感知する力」は、**共感力**と**気づく力**です。共感力とは、相手の気持ちや感じ方に同調すること、自分のことのように感じる力です。関係構築期では、互いに対する理解がないので、対面前提であれば一緒に食事に行ったり、意識的に雑談をしたりなど、歩み寄る機会を日常生活の中でつくることができます。一方、リモートコミュニケーションでは、意識的に互いを知る機会を作っていく必要があります。ただ、対面であってもリモートであっても、共感力が低いと関係構築が浅くなります。相手が抱いている不安や期待などの感情を想像し、自分だったらどう感じるか、どう思うか、と考えてみてください。

気づく力は、リモートコミュニケーションの全フェーズにおいて重要なスキルです。仕事を進めていく上で、今足りていないものは何か、見落としていることはないか、などを気づける力は非常に重要です。例えば、新しい人材をチームに受け入れる際、受け入れる側の「当たり前」と新たに参加する側の「当たり前」は異なります。新人のメンバーが仕事をする上で足りない環境や情報はないか、知っておかなければならないことで伝わっていないことはないか、などに受け入れる側が気づき、新人メンバーとコミュニケーションをとりながら「前提条件の違い」を埋めていくには、気づく力の発揮が求められます。

フェーズ3情報共有、フェーズ4認識共有期は、仕事の中で最も長い期間となるフェーズです。リモートコミュニケーション前提で仕事を進めていくということは、お互いが見えない状態で仕事を進めていくことになります。相手が見えない状態ならば、「今どうなっているか」、「今話しかけていいか」などを確認しなければ、相手の状態は分からないでしょう。

ですが、リモートコミュニケーションにおいて、都度状況や状態を確認し合うのは非効率ですし、それによってストレスを感じる人もいます。このフェーズで重要になるスキルは、**観察力**と**先読み力**です。

観察力は、リモートコミュニケーションで使うデジタル環境を駆使して、相手の状況や状態、流れていく仕事に関わる情報などを観察し、自分やチームにとって必要な情報を発見するスキルです。リモートコミュニケーションを支えるデジタル環境には、グループウエアの共有カレンダーやプレゼンス（在席情報）などがあります。これは、自分の状態を可視化するものです。チャットツールでも「オンライン中」という表示や、オンライン中を示すシグナル（緑色で表示されることが多い）などで、相手の状態を知ることができます。共有カレンダーを利用している組織・チームであれば、カレンダーに表示されたスケジュール情報から相手の状態を想定することができます。カレンダー以外にも、タスク管理・共有ツールを使っていれば、ツール上で更新されるタスク状況や役割、納期設定などの情報を「観察」することで、コミュニケーションを行うこともできます。チャットやウェブ会議ツールで会話するだけがリモートコミュニケーションではないということです。

先読み力は、観察力の延長線上にあるものです。後述する「発信力」でも説明しますが、リモートコミュニケーションの基本として、自分の情報や予定をタスク管理ツールやグループウエア・カレンダーなどのデジタルツールに入力、発信することが重要になります。先読み力は、相手が「発信」した情報を観察し、相手の次とる行動や状況を先読みし、必要となるコミュニケーションをとりにいくスキルです。私のチームでは、メンバーは私の予定表を1～2週間先まで観察しています。私も自分の上司や、仕事の関係者のスケジュールを定期的に観察し、今必要なコミュニケーションを考え、アクションに移しています。

フェーズ5 結果共有期では、**内省力**が重要になります。リモートコミュニケーションでなぜ内省力か、と思われるかもしれませんが、リモートコミュニケーションだからこそ自分自身の考えや成果、抱えている課題を発信するためにも、仕事の節目において自己と向き合い、振り返る内省は重要です。内省ができていないと、思いつきやその場の感覚で発信したり、受信してしまうことになります。コミュニケーションが浅くなるのです。仕事の節目では特に、自分自身の中にある思考や感情を感知するための内省を行ってください。もちろん、仕事の節目だけではなく日常的に内省を行うことは、リモート率が高い方ほどおすすめです。内省の習慣化が、日々のリモートコミュニケーションにおける「感知

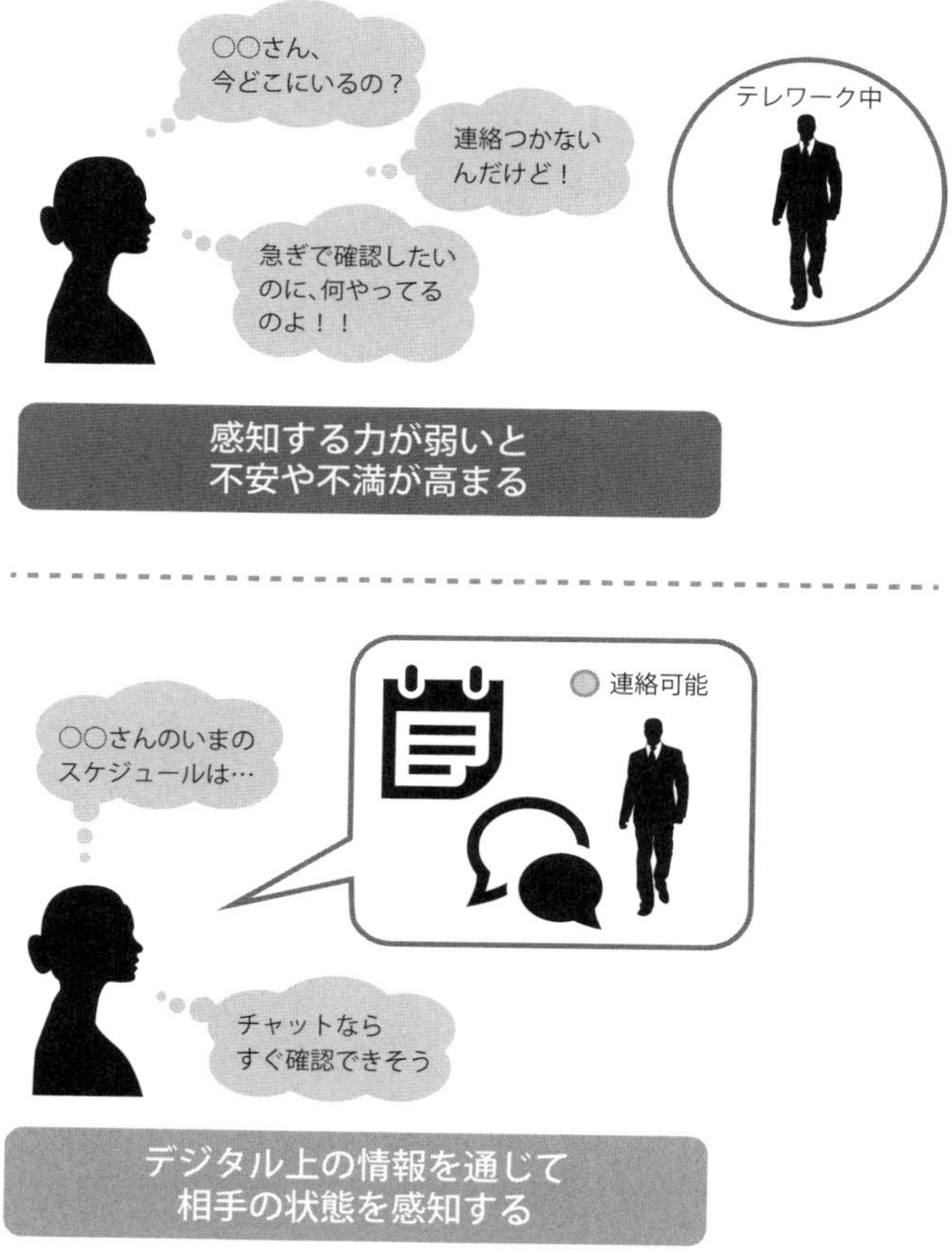

図3■ リモートコミュニケーション・スキル　感知する力

する力」を高めることにもつながります。

受信する力

フェーズ1関係構築期やフェーズ2前提共有期においては、リモートコミュニケーションの発信量・受信量ともに多くなります。関係構築や前提共有のために、数多くの情報インプット・アウトプットが必要になるためです。この時期に必要となる「受信する力」は、**受容力**と**情況把握力**です。

受容力とは、コミュニケーションを通じて相手の意見や感情、提示される情報を受け入れる力です。分かりやすく言いえば、「いったん全部受けとめる」ということです。

これは簡単に見えて非常に難しいことです。前提が合っていない状態でのリモートコミュニケーションにおいて、相手が発信する情報を一回全部受けとめないといけません。途中で遮ったりせずに、「そうじゃない」、「それは違う」と思っても全部受けとめる。

いかがでしょうか、普段のコミュニケーションにおいて、どの程度できているでしょうか。私自身、反省するところがあります。どうしても、すべてを聞く前に、言い返したくなってしまうこともあるでしょう。

ですが、特にフェーズ1や2の段階では、受信側のバイアス（先入観）を制して、まずは相手から発信される意見や情報、感情を受けとめることが大切です。

そして、情況把握力は、周囲の人々や物事と自分と関係性を理解する力です。リモートコミュニケーションでは、日々流れ込んでくる様々な情報から、自分にとって必要な情報を選びとり、仕事を進めていく上で必要な情報が何かを判断しなければなりません。例えば、自分に期待されていることは何か、自分が果たさなければいけない役割は何か、それはいつまでに果たさなければならないか、などの情報を理解する必要があります。

フェーズ3情報共有、フェーズ4認識共有期における「受信する力」は、**文脈を読む力**と**情報整理力**です。このフェーズでは、仕事を前に進めるために様々な情報が飛び交います。特にリモートコミュニケーションにおいては、チャットやメール、ウェブ会議やタスク管理ツールなど、デジタル業務環境上で日々多量の情報が流れていきます。人によってはクライアントごと、ビジネスパートナーごとに異なるコミュニケーションツールを使い分けている人もいるでしょう。

私の場合は、複業で使っているものを含めればチャットツール5種類、ウェブ会議ツール4種類、タスク管理ツール2種類、グループウエア3種類を使い分けています。このように、仕事が進んでいくと様々なツール経由で様々な情報が流れていきます。この流れにはすべて意味の連なりがあります。誰も何もしていないのに情報がアップデートされることはありません。日々の情報の流れには脈絡があり、次の展開に連なっていきます。

これが「文脈」です。齋藤孝氏著の『コミュニケーション力』（岩波新書）によれば、文脈力とは「文脈を的確に捕まえる力」とされています。リモートコミュニケーションにおいて、流れていく情報から文脈を読み取り受信する力は重要です。メール転送で例えると、あるとき転送されてきたメールから想定外に自分の仕事が発生する経験はないでしょうか。この経験がある方は、メールをスクロールして下から時系列で何が起きたか、どんなコミュニケーションがあったか読み取りにいったのではないでしょうか。

チャットツールでも同様です。あるチャットグループに途中から呼び出されたら、それまでどんなやりとりがされていたか、チャットをさかのぼって「文脈」を読みにいくことになります。リモートコミュニケーションは、情報が残っていくことがメリットではありますが、一方でそれが大きな負担になることもありますので、できる限り素早く情報の流れの中から「文脈」を読み取れるようになる必要があります。

そして、情報整理力は、日々流れていく情報の中で、自分の役割を果たすために必要となる情報を選び取り、使える情報にしていく力です。コミュニケーションで受信する情報は、受信して終わり、ということはほとんどないはずです。受け取った情報を元に、次の工程に情報を渡したり、情報を付加したりと、何らかの作業につながっています。仕事の進行と並行して、扱う情報量は増えていきます。情報を整理するということは、取捨選択することでもあります。もし、日々の情報の流れに溺れているというのであれば、自分にとって必要と思える情報を手元のノートに書き出してみてください。そして、書き出したノートを見返して、本当に必要な情報が何か見返してみてください。今後もデジタル化が進むことで日々取り扱う情報は増加していきます。AI技術の発展が、必要な情報を分類してくれるなどの機能も実装されていますが、まだまだ自分にとって大事な情報は何か、取捨選択し、優先度や重要度を整理することは人のスキルに委ねられます。

フェーズ5結果共有期における「受信する力」は、**腹落ち力**です。リモートコミュニケーションにおける結果共有期に行われることは、目的や目標に対してどれだけ実現できたか、課題は何だったのかを振り返ることです。このとき、ただ結果を受けとることと、その結果の持つ意味を自分の腹に落ちる形で理解できていることとは明確に違います。リモートだからこそ「なんとなく」で終わらせずに、しっかりと結果の意味を自分自身が腹落ちできるまで確認する、質問するなどの「受けとめる努力」が求められます。腹落ち力がない人同士のコミュニケーションの結果は、うわべだけのものになりがちです。

リモートコミュニケーションを始めたばかりの頃は、私もよく経験しました。今振り返ると、「本当は納得していない部分もあるけど、まぁいいか」と終わらせていたことがあります。仕事の節目でこのように浅いコミュニケーションをとってしまうと、次の仕事における関係性も軽くなります。「本当に自分は腹落ちしているか？」という問いを持って、気になっていることをそのまま放置しないようにしてください。

すべてのフェーズに言えることですが、「受信する力」といっても、単に情報を受け取る、受動的に待つということではなく、自ら情報をとりに行く、選びとる、納得する、ということがリモートコミュニケーションにおいては重要になります。

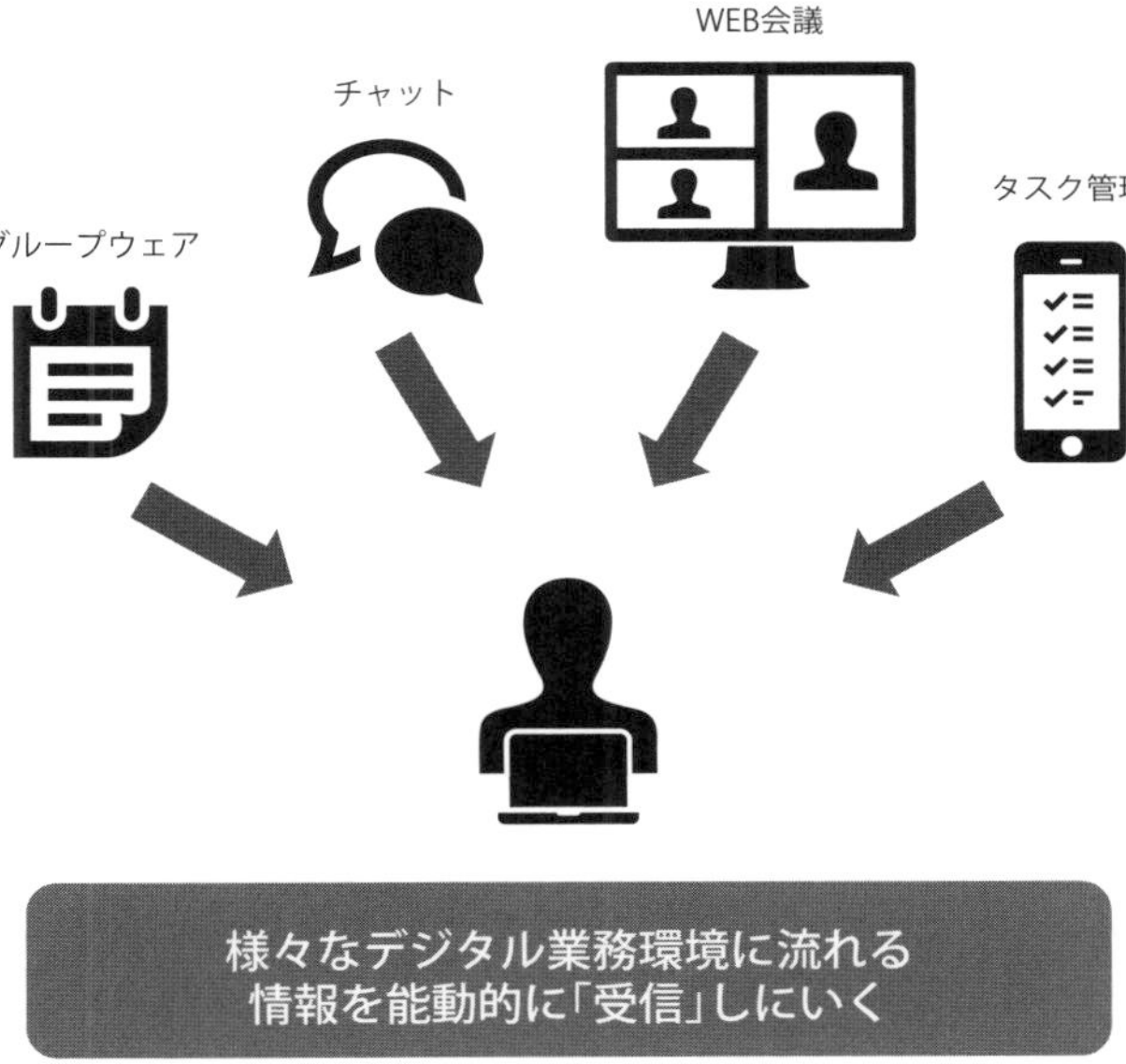

図4■ リモートコミュニケーション·スキル　受信する力

発信する力

フェーズ1関係構築期やフェーズ2前提共有期に必要となる「発信する力」は、**自己開示力**と**言語化力**です。関係構築においては特に自己開示は重要です。リモートコミュニケーションになれば、自分のことを理解してもらう機会も作りにくいため、思っている以上に自分のことを発信していくことが求められます。特に、この自己開示は組織の上流から積極的に行っていくことが望ましいです。組織に新たに参画した人が自己紹介をするのは一般的だと思いますが、関係構築期で大事なのは受け入れる側の自己開示です。リモートコミュニケーションにおける自己開示のポイントは、「自分がどんな人間かを知ってもらう」ために必要な情報を分かりやすく端的に伝えることです。

私の場合は、メンバーを受け入れる機会の方が多くなっていますので、必ず自己紹介を自分からするようにしています。そして、自己紹介では今の立場だけでなく、自分の今の感情やここに至る経緯、略歴などを一枚のスライドもしくはバーチャル背景で話せる程度の情報にまとめて開示しています。また、自己開示の時間が十分に取れないときは、あらかじめ自分のプロフィールのURLリンクをチャットで送っています。

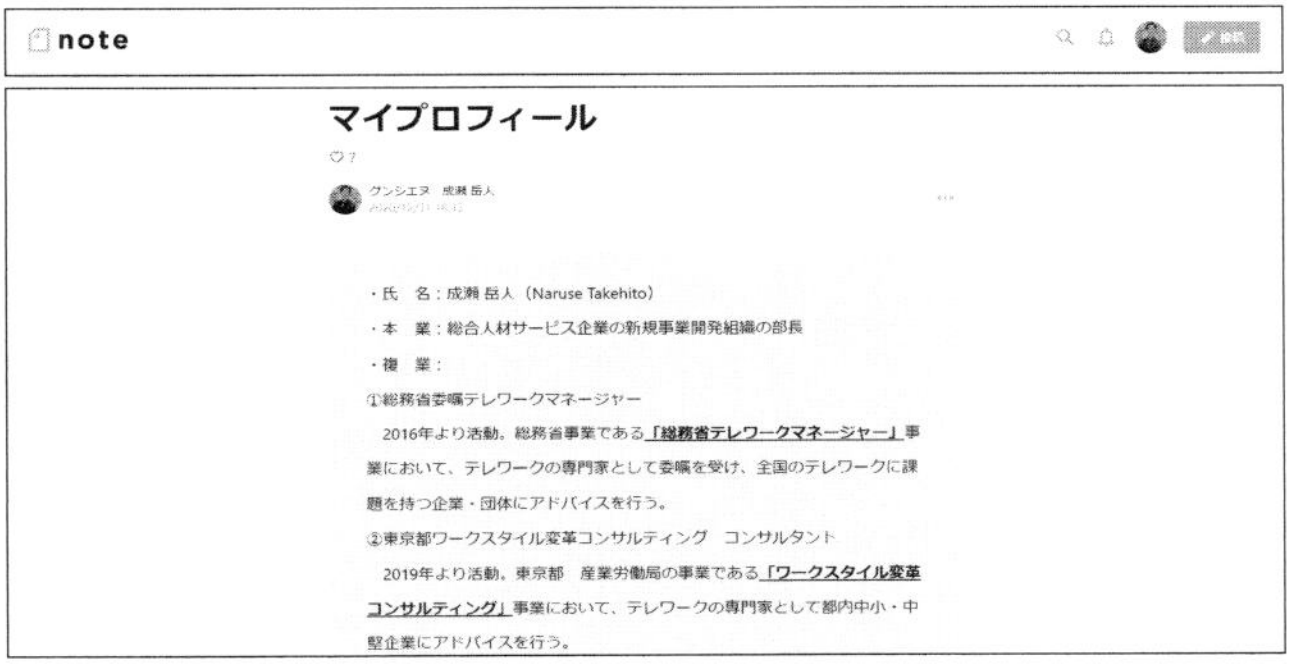

note

マイプロフィール

♡ 7

グンシエヌ　成瀬 岳人

・氏　名：成瀬 岳人（Naruse Takehito）

・本　業：総合人材サービス企業の新規事業開発組織の部長

・複　業：

①総務省委嘱テレワークマネージャー

　2016年より活動。総務省事業である「総務省テレワークマネージャー」事業において、テレワークの専門家として委嘱を受け、全国のテレワークに課題を持つ企業・団体にアドバイスを行う。

②東京都ワークスタイル変革コンサルティング　コンサルタント

　2019年より活動。東京都　産業労働局の事業である「ワークスタイル変革コンサルティング」事業において、テレワークの専門家として都内中小・中堅企業にアドバイスを行う。

図5■ 筆者のnoteによるマイプロフィール

（参考：筆者のプロフィール note https://note.com/gunshi_note/n/n8a87b749ef55）

自己開示と同時に重要になるスキルが言語化力です。自分のことを知ってもらう目的でも、仕事の背景や目的、制約条件といった前提情報を共有する上でも、適切に言語化し適切な手段で発信することが重要です。リモートコミュニケーションでは対面コミュニケーションよりも提供できる情報が限られます。基本的にはテキストかウェブ会議上で表示できる映像情報のみです。その限られた情報発信手段の中で、伝えるべきことを伝える必要があります。このとき、ただ伝えたいことを言葉や文章にすることと、「相手に伝わるように言語化する」ことは明確に違います。リモートでも伝わるように言語化する必要があるのです。その手段が、ウェブ会議であってもチャットであっても、相手に伝わらなければ意味がありません。

フェーズ2・3になると、発信する力はよりスキルが求められます。このフェーズで重要になるのは、**説明力**と**拡散力**です。仕事を前に進めていく上で、日常的に報告や相談、交渉や調整といったコミュニケーションにおいて様々な発信を行います。その中で、説明力の有無はリモートコミュニケーションに大きく影響します。

説明力とは、「相手に必要な情報を伝え、相手を動かす力」です。リモートコミュニケーションでは、文字情報や資料、ウェブ会議や動画などで説明する機会が増えていきます。言語化力も必要ですが、どのコミュニケーション手段を選択するか、どのコミュニケーション手段ならばどう説明するか、を判断し使い分ける技術もリモートコミュニケーションにおける説明力です。チャットであれば、文章ではなくポイントを絞って結論と理由を端的に書く、不明点は質問に応えていくことで補足します。ウェブ会議であれば、資料の画面共有を使い参加者の反応を確認しながら説明します。相手が中々時間をとれない時は、動画を使い、チャットやメールで補足をする、など状況に応じて説明方法を使い分けましょう。

このフェーズにおけるもう一つの発信する力が拡散力です。拡散力は、リモートコミュニケーションならではのスキルです。SNSが仕事の中でも活用されるようになり、情報を効果的に拡散できることは、重要なコミュニケーション・スキルになりました。仕事における拡散力の用途としては、チャットツールや社内SNSツールを使い組織の枠を超えた情報連携を生み出すことや、それぞれの仕事で生み出されたナレッジを共有する際に活かされます。採用や営業・マーケティングにおいては、マス向けのSNSを使った拡散力が仕事の武器そのものになっています。この発信する力における説明力と拡散力は、リモートコミュニケーションにおいて最も分かりやすく求められるスキルと言えるでしょう。

フェーズ5　結果共有期における「発信する力」は、**まとめ力**です。結果共有期におけるスキルは、

・感知する力「内省力」
・受信する力「腹落ち力」
・発信する力「まとめ力」

の3つです。共通しているのは、自分の中にある情報や意見、感情と向き合い、リモートコミュニケーションの質を高めるスキルであるということです。まとめ力は、その仕事の目的や組織の目標に立ち返り、関係者全体で振り返る上で伝えるべき情報（事実、意見、

感情など）を選び、まとめて伝える力です。まとめる（纏める）とは、バラバラな情報を集めるという意味もありますが、互いの意思を一致させることという意味もあります。仕事の節目である結果共有期において、物理的にはバラバラになっているメンバー同士の意思を統一させるためには、まとめ力が必要になります。リモートコミュニケーションにおいては、まとめ力はマネジャーやリーダーだけが発揮するスキルではありません。メンバー一人ひとりが発揮していかなければ、「特定の誰か」だけの発信量が増えてしまい、チーム全体の良い結果にはつながりません。立場に関係なく、自分と向き合い、伝えるべき情報をまとめ、発信していきましょう。

接続する力

リモートコミュニケーションにおける「接続する力」は、**つなぐ力**です。つなぐ力は、すべてのコミュニケーション・フェーズにおいて重要なスキルとなります。例えば、フェーズ1・2の関係構築期・全提共有期においては、新しく参加したメンバーの抱えている課題に応じて、適切なアドバイスやフォローアップができる先輩につなぐことなどが当てはまります。

フェーズ3以降の、仕事を前に進める時期においては、組織内の課題や解決ナレッジをつなぐことが大切です。これは、発信する力・拡散力の延長線にあるスキルとも言えます。情報を拡散して終わりではなく、拡散した結果、「つながりたい」人同士をつなげていくのはリモート環境下においては立派なスキルです。また、組織外の人材同士をつなげる力も今後益々重要になっていきます。コロナ禍以前から、コミュニケーターやコーディネーターと呼ばれる新たな職域がコワーキングスペースなどで見られるようになりました。その役割は、「人と人をつなぐ」ことです。リモート前提であれば、SNSは強力な「つながる」ためのツールですので、拡散力と合わせてつなぐ力をスキルとして磨いている方は、今後もリモートコミュニケーションのプロフェッショナルとして重宝されるでしょう。

フェーズ5の結果共有期におけるつなぐ力は、「次」につなげるという意味合いが強くなります。リモートで分散化しているメンバーを、ひとつの目的・目標に向かい、結果としてどうだったかを振り返り、共有し合うこのフェーズでは、リモートコミュニケーションの目的はこの結果を「次」に活かす、「次」につなげるということです。「次」につなげ

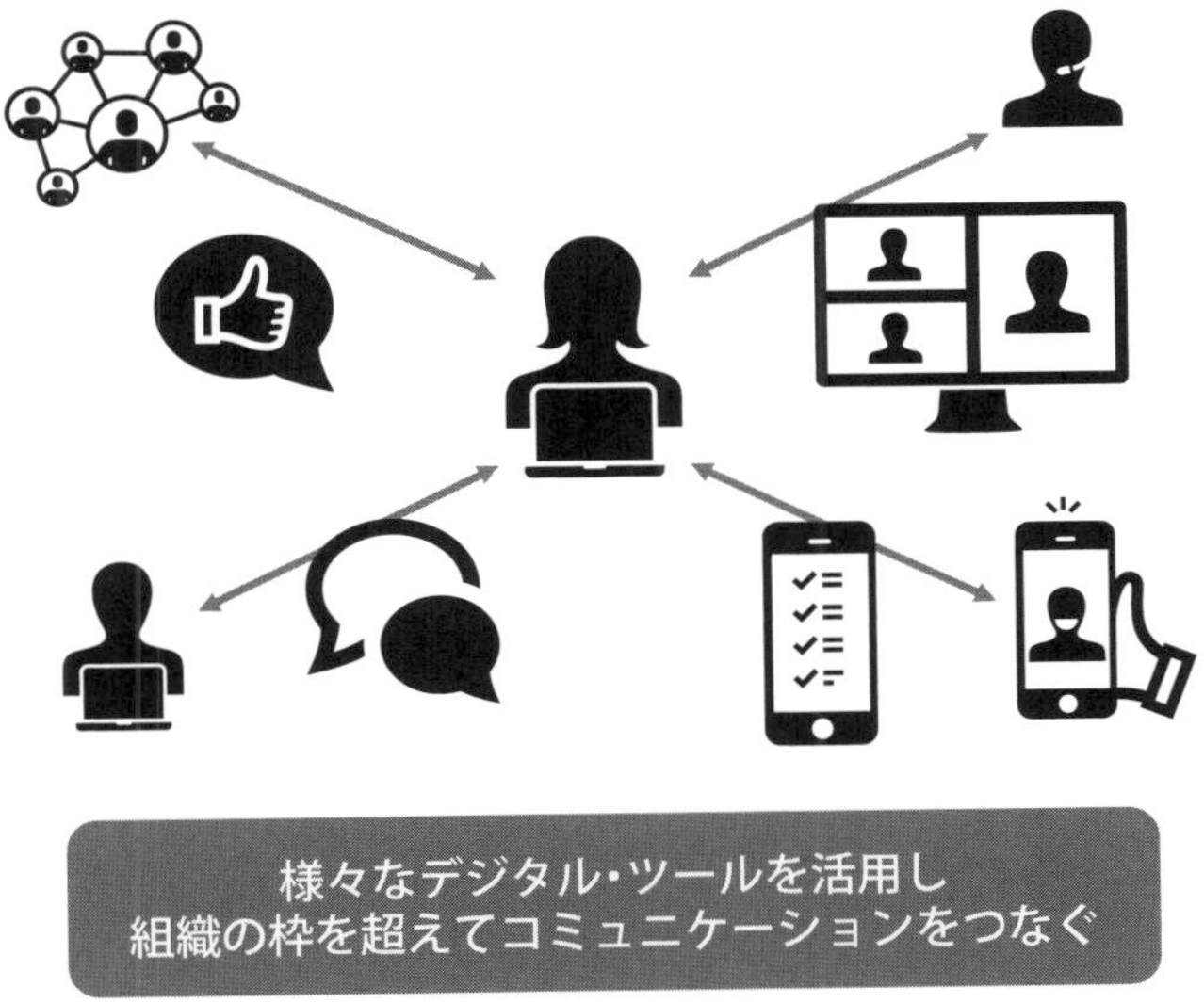
様々なデジタル・ツールを活用し
組織の枠を超えてコミュニケーションをつなぐ

図6■ リモートコミュニケーション・スキル　接続する力

るためのコミュニケーションがとれるからこそ、仮に結果が目標に至っていなかったとしても、自分自身や組織の成長につなげることができるのです。

ここまで、リモートコミュニケーション・スキルをコミュニケーション・フェーズごとにお伝えしてきました。リモートコミュニケーションの技（テクニック）であるツールを扱う技術は確かに大事ですが、それ以上に本章で紹介したスキルを一人ひとりが体得していくことで、リモートコミュニケーションでも問題なく関係性をつくり、仕事を円滑に進めていくことができるでしょう。

リモートコミュニケーション小噺　その三

「リモート飲み会は必要か？」

リモート飲み会に参加したことはあるでしょうか？　私は本業以外の複数コミュニティに参加しているため、飲み会ではないですが夜の時間帯のリモートコミュニケーションが日常的になりました。コロナ禍以前の「飲み会」よりも頻度は増えています（お酒を飲む機会は減っていますが）。

テレワークの専門家として、色々なメディアの取材対応や企業へのコンサルティングを行っていると、コミュニケーションの課題に対して「リモート飲み会は有効ですか？」という質問をいただくことがよくあります。リモート飲み会を否定するわけではありませんが、私個人の意見としては、リモート飲み会自体がコミュニケーション課題を解消するものではないと思っています。プライベート時間でも交流したい方同士が自由意志で企画し、参加すれば良いかと思いますので、コミュニケーション課題解決のために半強制的に行うものではないでしょう。

また、リモート飲み会のせいで、逆にコミュニケーションが悪化したという事例もあります。半ば強制的にリモート飲み会に参加しないといけない状況になると、気が重くなることがあります（私だけではないと信じたい！）。参加してみれば楽しいこともあるのですが、「また参加しよう！」という気分にはなりません。「組織内のコミュニケーション課題の解決策としてリモート飲み会は効果的か？」と問われたら、私の回答は「Ｎｏ」です。リモート飲み会を企画するのであれば、業務時間内にある程度人数を絞ったリモート座談会の機会を設ける、1オン1コミュニケーションを定着させる、といった施策の方が有効です。

もし、リモート飲み会をコミュニケーション施策として本気でやるならば、企画力やファシリテーション力が求められる、ということにも触れておきます。「飲みたい人集まれ」という号令でただ集まって行うリモート飲み会も否定はしませんが、コミュニケーション施策として行うのであれば、「歓迎会」や「忘年会」のような宴会企画力と幹事力は求められます。日時を決めてウェブ会議のＵＲＬを参加者に告知しておしまいではないということです。

幹事がファシリテーションをしないとどうなるか。例えば終了時間が曖昧になります。ダラダラと終わりがなく参加者が疲弊してしまう。気づいたらほとんど参加者がいなくなっている、ということになりかねません。

参加人数のコントロールも重要です。２０名、３０名以上が参加するリモート飲み会で会話は成立しません。Ｚｏｏｍであれば、ブレイクアウトルームの機能を使って６名程度の人数に分割しなければ会話が成立しないでしょう。対面の飲み会でも、２０名と一斉に会話することはありませんので、島を分けて座る、席替えをするのと同じ要領です。同じ要領ですが、ウェブ会議の場合は誰かがコントロールをしなければなりません。３０名以上が参加するリモート飲み会の運営側を担ったこともありますが、準備のリモート会議時間の方が宴会そのものよりも長くかかりました。リモート飲み会をコミュニケーション施策として機能させるには、参加者が「参加してよかった！」と思えなければ効果につながりません。リモート飲み会をコミュニケーション施策として行うのであれば、しっかりと企画し、当日のファシリテーションも行う覚悟と準備をして取り組みましょう。

図■ リモート飲み会

第4章　リモートコミュニケーション・テクニック

ここまで、リモートコミュニケーションの全体像と、フェーズごとに必要となる基本的体力とも言えるリモートコミュニケーション・スキルについて説明してきました。本章は、リモートコミュニケーションを語る上で避けて通れないリモートコミュニケーション環境と、その環境を使いこなすためのテクニック（技）について説明します。

説明に入る前に、皆さんのリモートコミュニケーション環境はどの程度整っているか、チェックリストを見て検証してみてください。リモートコミュニケーション環境を体系的に構築されている方はいらっしゃるでしょうか。私自身、最初からすべてそろっていたわけではなく、約10年近いテレワーク生活の中で、チームコミュニケーションやクライアント、外部パートナーとのコミュニケーション、複業でのコミュニケーションなど、年々変化する自身の働き方と、新たなテクノロジーを試行錯誤しながら構築してきました。リモートコミュニケーション環境も日進月歩で進化していますが、ぜひ現時点でのご自身のリモートコミュニケーション環境を振り返ってみてください。

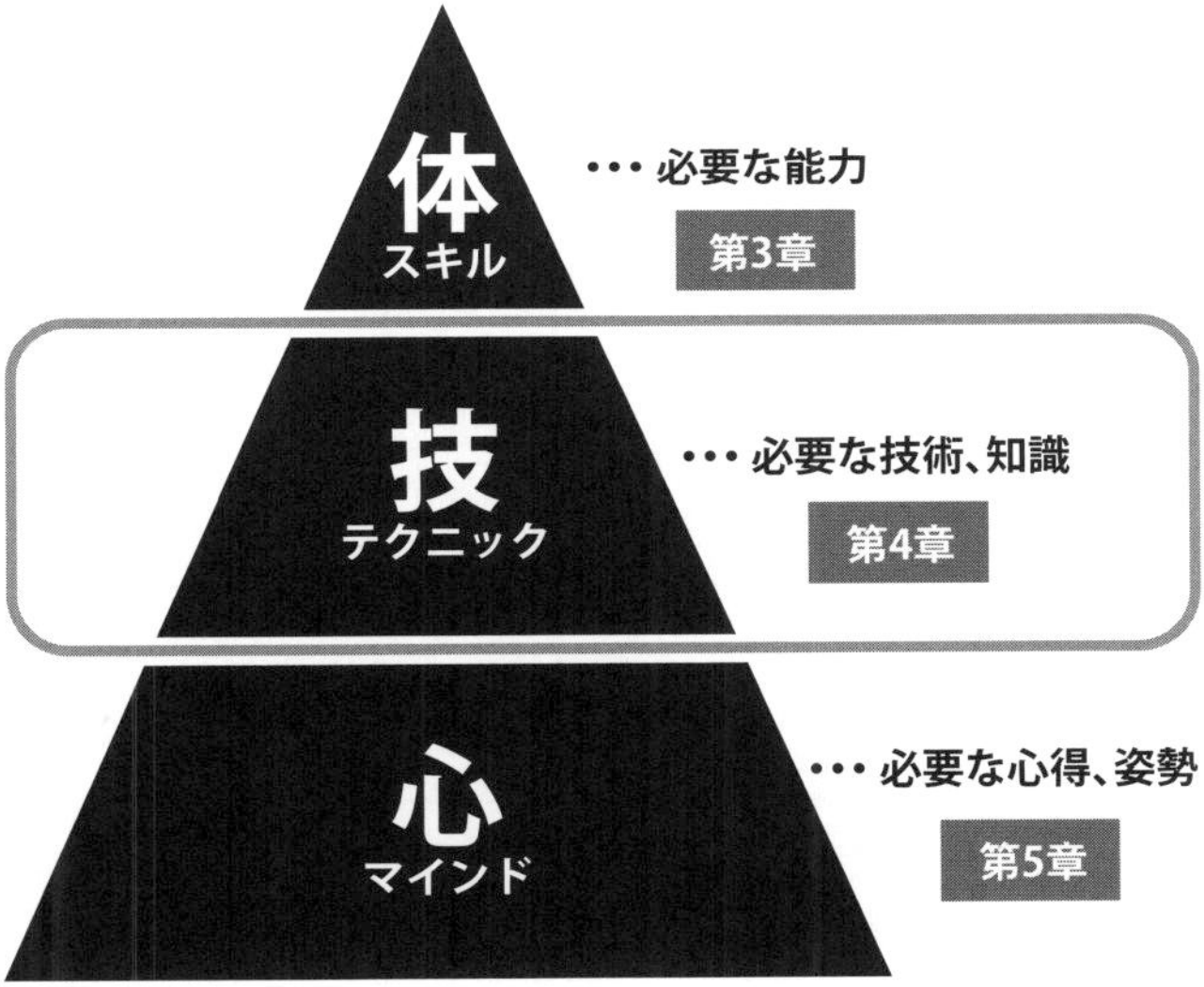

図1■ リモートコミュニケーションの「技」

1	自身で会議発行できるウェブ会議ツールを利用できる	□
2	ウェブ会議で使用するウェブカメラを持っており、利用できる	□
3	ウェブ会議で使用するヘッドホン、スピーカーホンを持っており、利用できる	□
4	ウェブ会議やリモート商談の際に、画面共有や音声の遅延を生じない通信環境がある	□
5	スケジュールをチーム内で共有できるグループウエア（カレンダーツール等）を利用している	□
6	所属チーム内で会話するように利用できるチャットツールを利用できる	□
7	所属企業内で、組織を超えて会話できるチャットツールを利用できる	□
8	所属企業外のパートナーや顧客と会話できるチャットツールを利用できる	□
9	自身の在席情報を知らせるプレゼンス共有ツールを利用できる	□
10	業務外の雑談ができるコミュニケーションツールを利用できる	□
11	リモートでもブレインストーミングなどをできるオンラインホワイトボードを利用できる	□
12	リモートでもチームの状態が見えるバーチャルオフィスを利用できる	□
13	リモートでも業務進捗をリアルタイムで管理・共有するタスク管理ツールを利用できる	□
14	いつも利用しているデバイスに不具合が生じても、すぐに代替できるデバイスがある	□
15	ウェブ会議をしながら別ツールを操作するためのサブディスプレイがある	□

図2■ リモートコミュニケーション環境チェックリスト

リモートコミュニケーション環境のチェックリスト、いかがでしたでしょうか。このチェックリストは、私自身の本書執筆時点のリモートコミュニケーション環境を整理して作成したものです。いくつチェックがつけば合格、というものではありませんが、もしチェックがついていない箇所があれば、さらなるリモートコミュニケーション環境の整備にチャレンジしてください。

各チェック項目におけるリモートコミュニケーション環境のポイント、事例を見ていきましょう。

1．自身で会議発行できるウェブ会議ツールを利用できる

リモートコミュニケーションと言えば、チャットとウェブ会議です。中でも、ウェブ会議はかつてのメールや電話と同様に「使って当たり前」のツールになりました。リモートコミュニケーションを使いこなす意味では「ウェブ会議に参加できる」だけでは不十分です。少なくともひとつは、自らが会議発行できるウェブ会議ツールを持ちましょう。企業によっては利用できないツールもありますので、対応できるバリエーションを増やしてい

くこともテクニックとしては必要です。

2. ウェブ会議で使用するウェブカメラを持っており、利用できる

ウェブ会議ツールそのものを使えることも重要ですが、ウェブ会議はその周辺でいくつか整えるべき環境があります。その内のひとつが「ウェブカメラ」です。ウェブカメラについては「そもそもウェブ会議でビデオオンにしたくない」という声もあると思いますが、リモートコミュニケーションを使いこなす上では、カメラは必須です。常時カメラオンにする必要はないというのが私の考えですが、コミュニケーション・フェーズ1の関係構築期やフェーズ2の結果共有期においては、デジタル上であってもカメラをオンにして顔を合わせた方がいいでしょう。また、社外の方との商談やプレゼンテーションの場面では、ビジネスマナーの観点でも自身を映すべき、と考えます。そのときに、やはり相手にどう見えるか、を意識することもセットで必要になります。PC備え付きのカメラだけではなく、外付けのウェブカメラで画角や画質を調整することにもトライしてください。カメラでは「明るさ」が重要になりますので必要に応じてリングライトや窓から入る日照も使

いこなせるようになると見栄えが上がります。大事なのは自分の都合ではなく「相手にどう映るか」です。仕事ですので、服装や髪型などの身だしなみを整えるのと同義とお考えください。

3．ウェブ会議で使用するヘッドホン、スピーカーホンを持っており、利用できる

ウェブ会議の周辺環境を整える上で最も重要なのが「音声」です。音声についても、大事な点は「相手にどう聞こえるか」です。最新のパソコンは、テレワーク需要を受けて音響回り（マイク・スピーカー）が改善しており、ウェブ会議でも高品質な音声で届けられる製品が増えています。もし、ウェブ会議に参加するパソコンが２０１９年以前のものである場合、製品にもよってはウェブ会議時の音声が聞こえづらい場合があります。音声についても、ウェブカメラ同様にヘッドホンやスピーカーホンなどの音声の専門デバイスを利用することが望ましいでしょう。

4．ウェブ会議やリモート商談の際に、画面共有や音声の遅延を生じない通信環境がある

ウェブ会議周辺環境の最後は「通信環境」です。どれだけパソコンの性能が高くても、ウェブカメラやヘッドホンの品質が良くても、自身の通信環境が悪ければ宝の持ち腐れです。リモートで研修やセミナー講師、日常的にリモート商談する方は、できる限り有線ＬＡＮで接続し、通信速度と安定性を保つことが望ましいでしょう。ウェブ会議ツールによっても変わりますが、通信速度は複数人数参加であれば３０Ｍｂｐｓ以上が望ましいでしょう。ご自身の通信速度を調べる手段はいくつかありますので、確認してみてください。参考として「Ｆａｓｔ．ｃｏｍ」のＵＲＬを記載しておきます。

参考：Ｎｅｔｆｌｉｘ「Ｆａｓｔ．ｃｏｍ（https://fast.com/ja/)」

5．スケジュールをチーム内で共有できるグループウエア（カレンダーツール等）を利用している

ウェブ会議ツールやチャットツールはリモートコミュニケーションでは分かりやすいツー

ルですが、第3章 コミュニケーション・スキルでお伝えした「感知する力」を発揮する上でも、お互いのスケジュールや各種情報をデジタル上で共有できるグループウエアツールは、リモートコミュニケーションの基盤となります。中でも、カレンダーツールは自身の業務計画を設定するだけでなく、業務関係者の予定を確認する、会議を設定するなどのコミュニケーション機会を調整する上で重要な役割を果たします。

6．所属チーム内で会話するように利用できるチャットツールを利用できる

チャットツールは、リモートコミュニケーションの「会話」の手段となるツールです。数年前に私が自組織でチャットツールを導入するために社内で説明した際は「メールと何が違うのか」と質問されたものですが、メールは「手紙」、チャットは「会話」という従来のコミュニケーション手段のデジタル化です。コロナ禍以前からテレワークをフル活用していた多くの組織で共通していたことは、チャットツールを当たり前の業務コミュニケーション手段として定着させていた点です。テレワーク前提の組織においては、チャットツールがオフィスの代替（みんなが集まる場所）と考えているほどです。チャットを所属チー

ム内で利用できることは、リモートコミュニケーションの基礎であり、どれだけ活発に使いこなされているか、によってリモートコミュニケーションの量や質も変わってきます。

7. 所属企業内で、組織を超えて会話できるチャットツールを利用できる

チャットは使えるかどうかだけでなく、活用レベルも重要です。多くのチャットツールは、個人単位でも利用開始することができますし、全社で導入していなくても、チーム単位で個別導入することも可能です。チャットはリモートコミュニケーションにおける「会話」の基盤です。特定のチーム内だけで使われているのか、全社的に使われているのかによって、会話可能な範囲が変わるということです。一つのチーム内だけで完結する仕事というのはそれほど多くないと思います。より広い範囲の仕事でリモートコミュニケーションを成立させていくには、チームの枠を越えて、全社で同じチャットツールを利用できる状況が望ましいでしょう。

8. 所属企業外のパートナーや顧客と会話できるチャットツールを利用できる

情報セキュリティの観点で、所属企業外のパートナーや顧客をゲストとして招待する機能を制限しているケースもありますが、これが利用できると、メールを使用しなくても所属組織の枠を越えてリモートコミュニケーションの「会話」が可能になります。自分達のチャットツールにゲストで招くこともあれば、顧客やパートナーのチャットツールにゲストで招かれることもあるでしょう。こうなってくると、複数のチャットツールを同時に使い分ける必要が出てくるため、慣れないうちは逆に非効率に感じることもあるかもしれません。慣れれば、この煩雑さも解消され、より組織を越えたプロジェクト・ワークが進めやすくなるでしょう。

9. 自身の在席情報を知らせるプレゼンス共有ツールを利用できる

テレワーク時に、自身の状態や在席情報を離れた相手に共有できれば、チャットなどで話しかけやすい状況をつくることができます。在席情報（プレゼンス）を共有する機能は、チャットツールかバーチャルオフィスで実現することが可能です。チャットツールであれば、ツールによりますが、概ね「ステータス・アイコン」や「ステータス・シグナル」で自身の状態を表現できます。絵文字やシグナル（緑：会話可能、赤：取り込み中、など）をチャット上で表示する機能です。この機能は、運用ルールが定められていないと関係者全員が同様に扱えないことが多いため、プレゼンスの表示方法や確認方法を関係者内で共通認識をつくって運用しましょう。バーチャルオフィスは、ゲームのような感覚で自身のアバター（分身）をツール上のオフィスに在席させることで、周囲と状況を共有することができます。

10. 業務外の雑談ができるコミュニケーションツールを利用できる

リモートコミュニケーションにおける「雑談」は、専用のツールで実現するものではなく、ウェブ会議ツールやチャットを使う方法、バーチャルオフィスを使う方法などがあります。どのツールを使うか、ということよりも、リモートであっても雑談できる、雑談しやすい「仕掛け」が用意されており、実際に雑談が行われているかどうか、がこの項目でチェックしていただきたいことです。私の場合、リモートコミュニケーションおける「雑談の仕掛け」は複合的に取り組んでいます。例えば、ウェブ会議の開始後5分程度は極力「雑談タイム」から始めるようにしています。チャットでは、「今日の一言」といったグループをつくり、業務外の発信をしても大丈夫な雰囲気をつくっています。バーチャルオフィスでは、「雑談可能タイム」を設けて、参加できるメンバーで集まって雑談しながら仕事をすることもあります。

11．リモートでもブレインストーミングなどをできるオンライン・ホワイトボードを利用できる

リモートでのブレインストーミングやディスカッションなど、明確なゴールが決まっていない発散が必要なコミュニケーションは、リモートでは難しいと考えられがちです。私自身も、コロナ以前は企画立案時のブレインストーミングを、リモートではなく対面で集まってホワイトボードを使って行っていました。私の所属組織での仕事は新規事業開発ですから、仕事上のコミュニケーションの半分以上がフリーディスカッションです。さすがに完全にテレワークになった当初は難しさを感じていました。そこで利用し始めたのがオ

ンライン・ホワイトボードです。このツールも慣れてしまうと無くてはならない存在になりますが、最初はやや扱いづらさを感じるかもしれません。しかし、使いこなすことができれば、リモートであっても白紙状態から自由に意見を出し合い、新しいものを生み出していくようなコミュニケーションを実現することができるようになります。

12. リモートでもチームの状態が見えるバーチャル・オフィスを利用できる

バーチャル・オフィスは、最近ツールも利用者も増えているリモートコミュニケーションツールです。これまでのオフィスのようにバーチャル・オフィスに「出社」し、チーム内のコミュニケーションのほとんどをこのバーチャル・オフィス上で行っているケースや、「雑談部屋」として使っているケース、特定のプロジェクトで集まる「共同作業部屋」として使っているケースなどの事例が生まれてきています。

13. リモートでも業務進捗をリアルタイムで管理・共有するタスク管理ツールを利用できる

仕事上のコミュニケーションにおいて最も多いのは仕事を前に進めていく上で行う報告

や相談、状況共有です。ウェブ会議やチャットといった「フロー」のツールは、情報が流れていってしまうため、タスクの進捗管理や情報共有には向きません。仕事の段取りと役割、進捗情報や関連情報が「蓄積」されるタスク管理ツールはリモートコミュニケーションにおいて重要なツールです。

14．いつも利用しているデバイスに不具合が生じても、すぐに代替できるデバイスがある

テレワークではどうしても特定のデバイスを利用し続けることになるため、デバイスに負荷をかけています。業務終了したら必ずシャットダウンする、パソコンの冷却環境を用意するなどの負荷を軽減する工夫が必要です。それでも、ある日突然起動しない、強制終了してしまうといったことも起こり得ます。全ての業務をバックアップすることは難しいかもしれませんが、最低限コミュニケーション手段は代替案がないと、関係者に心配をかけることになります。用意しやすい代替手段としてはモバイル端末（スマートフォンなど）が挙げられます。電話でもいいですが、モバイル端末でもメールやチャットツール、ウェブ会議が対応可能な環境を持っておけば、パソコンに急な不具合が発生しても誰かに状況

を伝え、業務上のサポートを受けることもできるでしょう。

15. ウェブ会議をしながら別ツールを操作するためのサブディスプレイがある

最後はディスプレイです。テレワークが増えたことで、自宅用にディスプレイを購入した方も多いのではないでしょうか。なぜ、リモートコミュニケーションでディスプレイの話になるのか。これまで挙げてきた通り、リモートコミュニケーションはひとつのツールで完結することはなく、複数のツールを使い分けることで量と質、そしてスピードを高めていきます。ウェブ会議をしながら、会議に参加していない誰かに確認が必要なことが発生した場合、別の画面や別のデバイスでチャットツールを用いて確認をとる、などの並行作業が可能になります。特に、バーチャルオフィスやオンラインホワイトボードを使う場合は、画面1にチャット、画面2にバーチャルオフィスなどと同時に表示させてコミュニケーションをとっていくスタイルが当たり前になっていきます。

リモートコミュニケーション環境チェックリストを元に、ここまでリモートコミュニケーション環境の必要なポイントを説明してきました。ここからは、リモートコミュニケーション・ツールを体系的に整理した上で、各ツールをどのように環境整備し、使いこなしていくか、そのテクニックについて説明していきます。

■リモートコミュニケーション・ツールマップ

リモートコミュニケーション環境の全体像を「**図3**：リモートコミュニケーション・ツールマップ」に整理しました。ツール（ソフト）だけでなく、インフラ環境面（ハード）も含めて、私自身の事例も共有させていただき、体系的にお伝えしていきます。

参考までに、私のリモートコミュニケーション環境をご紹介します。正直言ってここまでの環境を整えなくても、十分に質の高いリモートコミュニケーションをとることは可能です。私の趣味が多分に含まれていますので、その点は差し引いて参考になる点があれば幸いです。

図3■ リモートコミュニケーション・ツールマップ

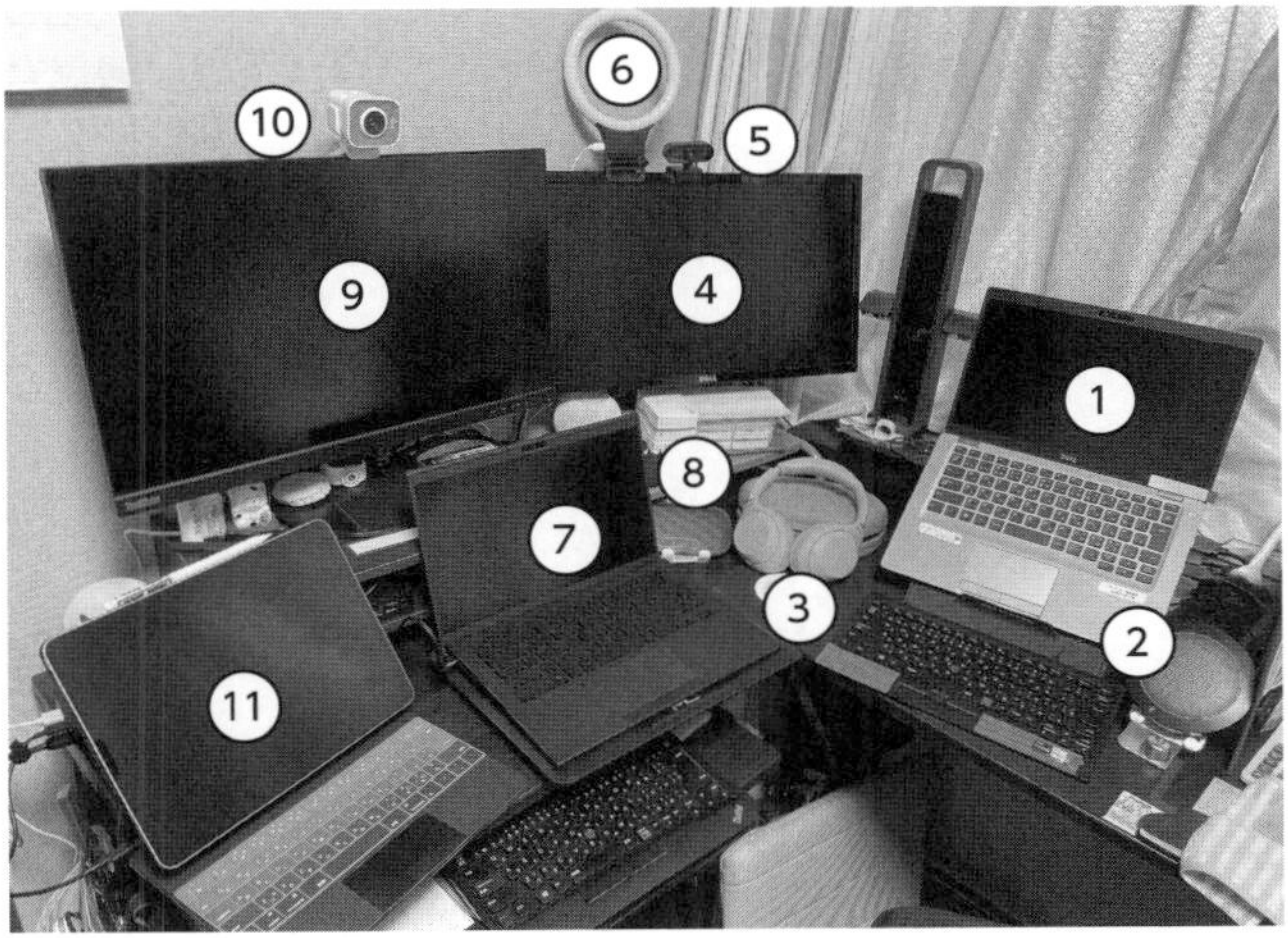

①	本業用 PC
②	本業用 PCのスピーカーホン
③	ヘッドフォン(ノイズキャンセリング機能あり)
④	本業用 PCのサブディスプレイ
⑤	本業用 PCのウェブカメラ
⑥	リングライト
⑦	複業用 PC(有線 LAN接続)
⑧	複業用 PCのスピーカーホン
⑨	複業用 PCのサブディスプレイ
⑩	複業用 PCのウェブカメラ
⑪	iPad pro

図4■ 筆者のリモートコミュニケーション環境

・リモートコミュニケーション・インフラ

通信回線は、各種機器を接続できるドックを介して有線ＬＡＮで接続しています。研修講師やセミナー講師など、音声や画像の遅延を発生させたくないコミュニケーションではこちらの環境を利用しています。自宅内のＷｉ－Ｆｉについてもメッシュ中継を構築して、どの部屋でも通信速度が落ちないようにしています。

音声環境については、本業用ＰＣと複業用ＰＣそれぞれにスピーカーホンを繋げています。私の場合、幸いテレワーク用の部屋を確保できていますので、扉を閉めて音が漏れないことを検証した上で、ほとんどのウェブ会議はスピーカーホンを使って参加しています。工事など環境音が発生してしまう場合は、ノイズキャンセリング機能のついたヘッドホンを接続し、音声環境を切り替えています。

ウェブカメラも、本業用ＰＣと複業用ＰＣそれぞれに接続しており、リングライトを使ってウェブ会議の際の自身の映り方、明るさを調整しています。配信専用のＵＳＢマイクも配備したいのですが、今のところ発信音声に問題がないため、見送っています。

サブディスプレイも、本業用ＰＣと複業用ＰＣそれぞれに接続しています。テレワーク中心になったことで本業と複業の切り替え時間がほぼ無くなり、席の向きを変えればすぐに切り替えができるように環境をつくっています。

iPad proと、写真に映していませんがスマートフォンを仕事中は手元に置いて活用しています。聴くのが中心のウェブ会議参加のときなどは、敢えてモバイル端末からウェブ会議に参加することもあります。主な使い方は、リモートコミュニケーションの補助端末として使っています。ウェブ会議に参加しながら調べ物をしたり、メモをとる際にiPad proを使っています。また、アプリによってはモバイル端末から操作した方が、効率が良い場合もありますので、PCと使い分けています。

・リモートコミュニケーション・ツール

グループウエアに関しては、業務に応じてMicrosoft365（旧・Office365）とGoogle Workspace（旧・G Suite）を使い分けています。主にメール、カレンダー、アンケートツール、各種オフィスアプリケーションを業務関係者間で共有できる環境です。

ビジネスチャットについては、複数ツールを使い分けています。私が利用しているツールは以下の通りです。

・Microsoft Teams：主たる業務で利用。
・Slack：パートナー企業とのコミュニケーションで利用。
・Chatwork：複業パートナーとのコミュニケーションで利用。
・LINE WORKS：運営するコミュニティで利用。
・Facebook messenger：SNS経由でつながっている「ゆるい繋がり」とのコミュニケーションで利用。

バーチャルオフィスについては、主に所属組織における「雑談」を目的として利用しています。執筆時点では、NTTコミュニケーションズのnework、oViceのoViceを活用しています。

ウェブ会議ツールも複数ツールを使い分けています。自身が発行できるウェブ会議としては以下2種類あり、他は相手の発行会議に対応できるようにしています。

・Zoom：メインで利用。会議だけでなく、各種研修などにも利用。

・Ｔｅａｍｓ：主な業務における会議や1オン1で利用。

これ以外に、Ｇｏｏｇｌｅ　Ｍｅｅｔｓ、Ｃｉｓｃｏ　Ｗｅｂｅｘなどをコミュニケーション相手の発行に応じて使い分けています。

オンラインホワイトボードは、コロナ禍で最も利用が増えたツールです。コンサルティング業務の情報整理やグループワーク、チームコミュニケーションの情報共有、事業開発時のアイデア整理などをリモートコミュニケーションで取り組む際に利用しています。ツールとしては、ｍｉｒｏをメインで利用し、国産のオンライン・ホワイトボードツールであるＳｔｒａｐも試用しています。

タスク管理・共有ツールは、仕事やプロジェクトによって使い分けています。定期的な報告会議や経理関連業務などの定型業務ではＢｉｚｅｒ　ｔｅａｍ、事業開発プロジェクトではＢａｃｋｌｏｇ、複業のプロジェクト管理ではｋｉｎｔｏｎｅを利用しています。プロジェクトや業務で関係するメンバーによって使い分けています。

ここまで、私のリモートコミュニケーション環境を事例として説明してきました。自身にとって最適なリモートコミュニケーション環境を構築したり、試行錯誤できることも大事なテクニックです。是非参考にして調べたり、試してみたりしてください。

ここからは、各種リモートコミュニケーション環境をどのように使いこなしていくのか、各種ツールの「使い方」ではなく、使いこなすための「技」を説明していきます。

■リモートコミュニケーション・インフラを整える

まずは、自分の働き方に合ったリモートコミュニケーション・インフラを整えましょう。ウェブ会議に多く参加される方、チャットでの会話を多くする方、リモートでセミナーや研修講師といった仕事をする方、とそれぞれの役割によってベストなリモートコミュニケーション・インフラは異なります。リモートコミュニケーション・インフラを整える際、自身の都合だけではなく、コミュニケーションの相手のことを考慮して整えるようにしてください。

例えば、リモートでセミナー講師などを行う方は、自身が発信する機会が多くなりますので、安定した通信速度のあるインターネット環境や環境音をできるだけ取り除ける音響環境を整える必要があります。チャットを日常的に多用して仕事を進めていく方の場合、常時チャット画面を開きながら他の作業を進められる環境が必要になります。リモートコミュニケーション・インフラを整える上でのポイントをまとめますので、ご自身の働き方に適したインフラを整えていってください。

・通信回線

上り・下り共に10M～30Mbps以上の通信速度の確保。大人数に対してセミナーなど行うのであれば、有線LAN接続できる環境が望ましい（**図5**）

・音声

防音性の高い個室が使用できない環境であれば、ヘッドホンの使用が望ましい。防音性の高い部屋を仕事用に利用できるのであればスピーカーホンを使用。オンライン商談やセミナー、研修などを行う場合は、USBマイクやノイズキャンセリング・アプリケーション（krisp等）の利用が望ましい

図5■ 筆者の環境の通信速度

・ウェブカメラ

ＰＣ組み込みのウェブカメラだけでなく、外部接続のウェブカメラを用意することが望ましい、自身の映る角度や明るさを調節し、明るさが足りなければリングライトなどを前面に置き、表情が明るく映るように調節することが望ましい

・背景

ウェブ会議のバーチャル背景機能が使用できるＰＣの性能（ＣＰＵに依存）があることが望ましい。バーチャル背景機能が使用できない場合は、映る部屋の背景を意識した作業環境の配置を調節することが望ましい（背景に壁やカーテンが映る用に配置する、など）

・サブディスプレイ

作業の目的別にウインドウを表示するディスプレイがあることが望ましい

・サブデバイス

メインで使用しているノートPCなどが不具合などで稼働しない場合、スマートフォンやタブレットなど、業務関係者やチームメンバーと最低限のリモートコミュニケーションをとるためのバックアップ手段が利用できることが望ましい

■コミュニケーション基盤としてのグループウエア

グループウエアとは、企業やチーム内で情報共有するためのメールやカレンダー、イントラネットや社内掲示板、社内手続きのワークフローなどを構築できるツールです。主なグループウエア・ツールとしては、サイボウズOffice、Microsoft365（旧・Office365）、Google Workspace（旧・G Suite）などが挙げられます。グループウエアは、リモートコミュニケーションの基盤ツールですので、チームで仕事をする上では必須と言えるでしょう。

リモートコミュニケーションにおいては、ほとんどの提供機能が重要ですが、中でも重要なのが「カレンダー機能」です。リモートコミュニケーション・スキルの章でも説明し

ましたが、リモートになってチームが物理的に分散化された状態では、お互いの予定・計画を発信し、感知することが必要になります。その手段として、チームや企業内でお互いの予定を共有できるカレンダー機能は非常に有効です。「会議の予定以外あまりスケジュールが入っていない」という声をよく聞きますが、テレワークを前提とした働き方をするチームであれば、どの時間帯にどこで何をやるのかを登録することを習慣化しましょう。

参考までに、ある3名の営業チーム（営業部長・Aさん、営業事務・Bさん、営業メンバー・Cさん）のカレンダー機能を用いた予定共有のイメージを図示します。会議の予定だけでなく、それぞれがどの時間帯で何をやっているか予定登録されています。また、休憩時間やプライベートの事情による中抜けの予定も登録しています。こうして可視化することで、リモートコミュニケーションがとりやすくなるだけでなく、「何となく忙しい」や「何となく私用による中抜けが多すぎる」といった「何となく」を排除していくことにもつながります。最初のうちは面倒に感じるかもしれませんが、チームの全員が自分の予定・計画を可視化することでリモートコミュニケーションがやりやすくなりますので、取り組んでいくことをお勧めします。

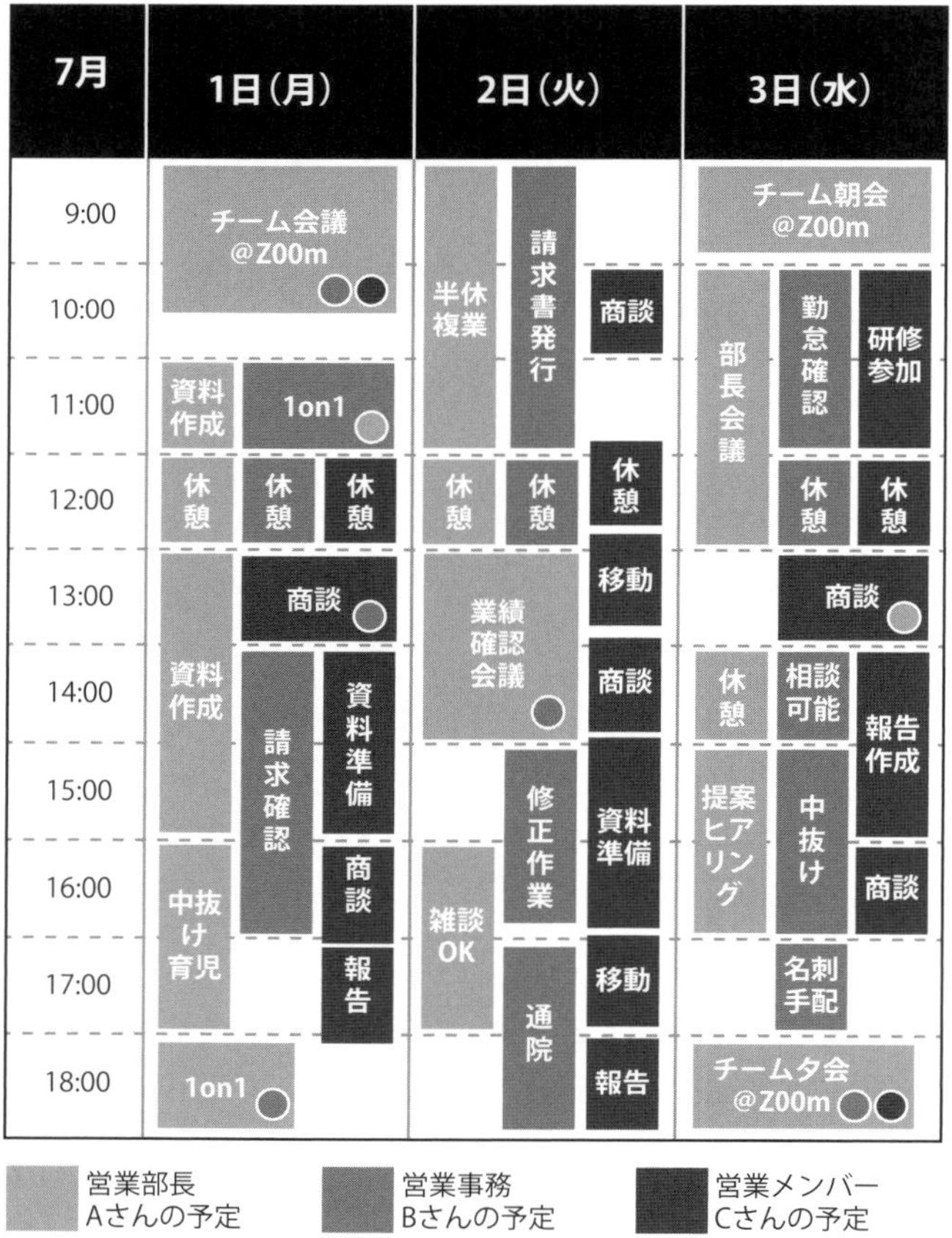

図6■ 共有カレンダー情報登録のイメージ

■リモート会話のためのビジネス・チャット

チャットツールは、リモートコミュニケーションにおける「会話」を担う重要なツールです。主なチャットツールとしては、Slack、Microsoft Teams、Chatwork、LINE WORKSなどがあります。慣れていないと、メールと同様の使い方をしてしまっていたり、業務連絡だけに使っているケースがありますが、それでは有効に働きません。チャットは連絡手段というよりチームや組織内の会話のためのツールです。「おはよう」、「今日もがんばります」くらいの軽い発信が日常的に飛び交っている方が使い方としては適切です。チャットツールを使いこなす上でのポイントを説明します。

POINT① 会話の目的に応じてチャンネルやグループといった箱をつくる

ほとんどのチャットツールは会話の目的に応じてチャンネルやグループといった箱をつくることができます。この箱のつくり方（名称ルールなど）をチーム内で共通化しておくと、後々数多くのチャンネルやグループが作成されても混乱することなく運用できます。

なお、Slackは特にこのチャンネルをできる限り閉鎖的（プライベートチャンネル）

にしないことを推奨しています。どうしても、情報の取り扱いなどを気にして、関係者しか見えない箱をつくりがちなのですが、情報を閉鎖的な箱の中で使ってしまうと、リモートコミュニケーションでは特に情報流通が非効率になり、チャットツールの利点を損なってしまいます。情報をオープンにしていることが、チーム全体の情報流通を促し、活発なコミュニケーションにつながっていきます。

POINT② 投稿する内容はできる限り短くする

チャットに慣れていない人は、メールと同じように「お疲れ様です」から始まる長い文章を投稿することがあります。会話で言えば、一方的に説明をしている感じです。繰り返しますが、チャットは会話ツールです。一つひとつの投稿する内容を短く、端的に言語化しつつ、感情が伝わるように書いていきましょう。相手が上司であっても先輩であってもできる限りフランクに発信していくことが、結果的にスピード感のあるコミュニケーションになり、お互いの仕事のスピードを上げていきます。

POINT③　リアクションは絵文字を使う

チャットツールには、リアクション用の絵文字の機能がついています。この絵文字リアクション機能は、対面会話でいうところの相槌や笑い、身振り手振りのノンバーバル（非言語）コミュニケーションに当たるものです。「はい」と答えるくらいなら、「イイね」のサムズアップ絵文字を使いましょう。かく云う私自身、使い始めた頃は「はい」と返信して、後輩から「成瀬さん、冷たいです」と注意されていました。絵文字リアクションには、もうひとつ「足跡を残す」という効果があります。メンバーからすると、「自分の発言を見てくれているのか」と不安になることもあると思いますが、同僚や先輩、マネジャーが絵文字でリアクションすることで「見てくれている」という安心感につながります。「たかが絵文字で」と思われるかもしれませんが、若い世代のメンバーほど「誰が、どうリアクションしているか」を見ていますし、気にしています。是非、意識して積極的に絵文字リアクションを使っていきましょう。

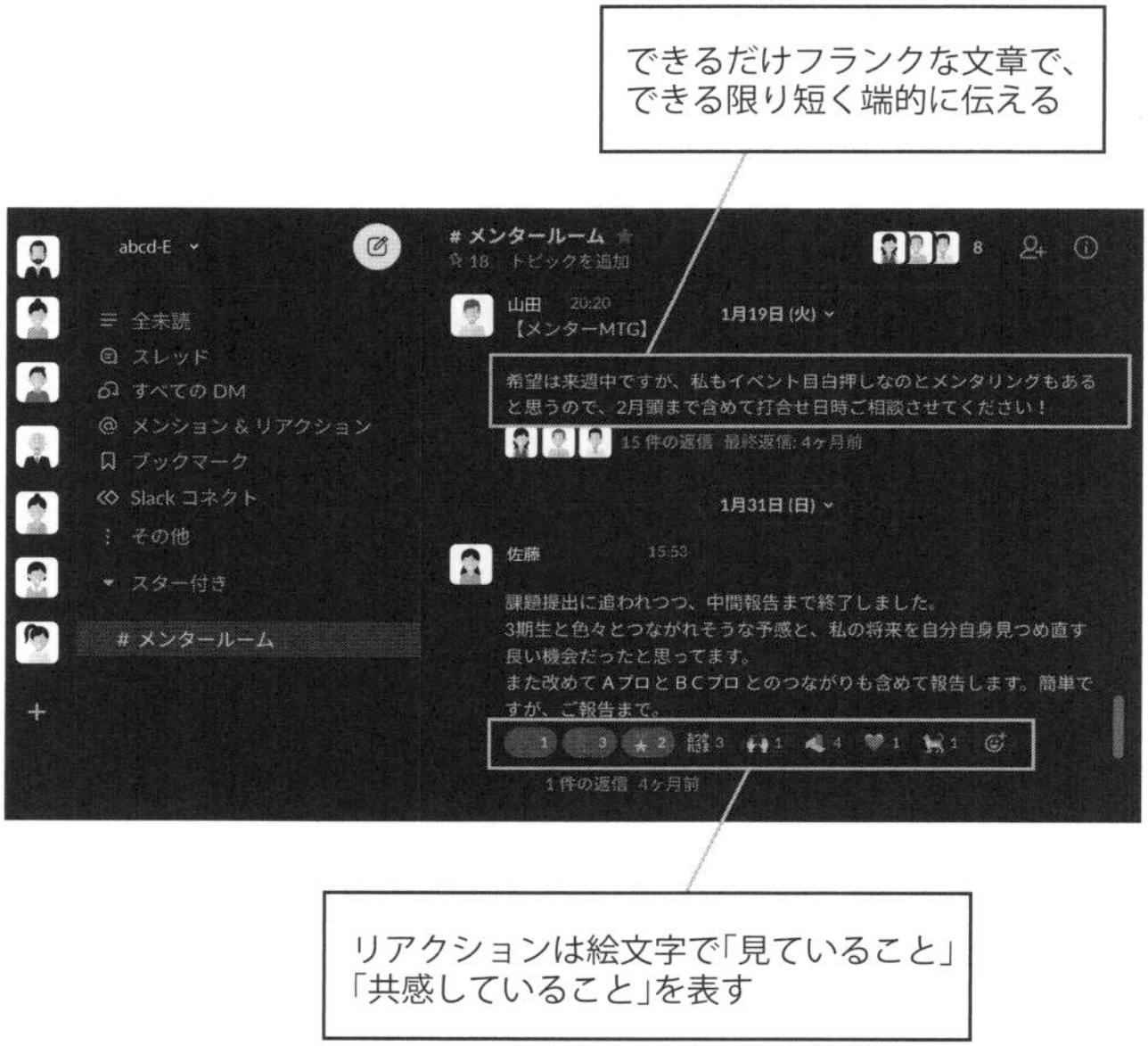

図7■ チャット画面イメージ

■ウェブ会議を使いこなす

コロナ禍で、最も利用が増えたツールがウェブ会議ツールではないでしょうか。主要なウェブ会議ツールとしては、Ｚｏｏｍ、Ｍｉｃｒｏｓｏｆｔ　Ｔｅａｍｓ、ＣｉｓｃｏＷｅｂｅｘ、Ｇｏｏｇｌｅ　Ｍｅｅｔ（旧・Ｈａｎｇｏｕｔｓ　Ｍｅｅｔ）があります。社内の会議だけでなく、商談や社外パートナーとのコミュニケーションをウェブ会議で行うことも一般的になってきました。今後もウェブ会議はビジネスだけでなく、プライベートでも使われ続けるでしょう。かつての「メールを使う」と同等の基礎リテラシーになってきます。ウェブ会議は、使いこなすレベルにも段階もありますが、ここでは社内外の複数名とウェブ会議をする上で求められるテクニックを説明していきます。

ＰＯＩＮＴ①　できるだけウェブ会議参加とリアル参加の混在は避ける

リアル会議参加者とウェブ会議参加者との情報格差をどうしたら良いか、と良く質問を頂くことがあります。最も良い解決策は全員ウェブ会議参加にすることです。私の場合、仮にオフィスに出社して同じ会議に参加するメンバーが隣にいても、他の参加者の複数名がウェブ会議参加ならば、会議室に入らず席を離してウェブ会議参加にします。

もし、どうしてもウェブ会議とリアル参加が混在する状況が避けられないなら、リアル会議参加者側は、ウェブ会議参加者側への画面共有や声が問題なく聞こえるか、参加者が全員そろっているか、などの確認や配慮をしっかりと行いましょう。また、リアル会議側だけで議題を進行してしまわずに、議題ごと、話題ごとにウェブ会議参加者にも意見を求めるなどのファシリテーションをしましょう。ウェブ会議参加者側も、聞こえないときは「聞こえない」、見えないときは「見えない」、分からないときは「分からない」といった意思表明をチャットなり発言なりでしっかりしていきましょう。

POINT② ウェブ会議を円滑に進行するための会議の始め方

ウェブ会議を円滑に進行するためには、会議の始め方にポイントが2つあります。一つ目は、「チェックイン」をしっかりと行うことです。チェックインとは、会議参加者がその場に入っていくための心の準備のことです。参加者が10名以上いるような大規模会議では工夫が必要ですが、最初の数分間は今日の気分や最近あった出来事といった雑談、はじめて顔を合わせる人が多い場合は自己紹介をしっかり行う、などの柔らかいコミュニケーションをとってから、本題に入りましょう。二つ目のポイントは、「アジェンダ」を用意し、会議前もしくは冒頭に伝えることです。アジェンダとは、その会議で予定している内容のまとめを整理したものです。会議の目的、議題の順序、各議題の担当、各議題の時間配分、関連資料のタイトル、などの情報をできるだけ会議開始前に配布し、会議冒頭に認識合わせをした上で会議をスタートしましょう。

POINT③ ウェブ会議時の顔出し有無

ウェブ会議の際に顔を出す、つまりビデオオンにするべきか、という質問もよくいただきます。私個人としては、仕事上のコミュニケーションなので、できるだけ顔を合わせながらコミュニケーションをとった方がいいのではないか、と考えます。ただし、プライベートな事情やビデオオンにすることで通信回線を圧迫し、音声や画面共有の遅延が発生する場合は、無理にビデオオンにする必要はないと考えます。最近の傾向としては、発言する可能性のある会議であればビデオオンにする前提で参加すること、というのが一般的です。

一方で、社内環境の都合でウェブ会議時のビデオオンは利用しないように情報システム部門からお達しがある場合もあります。時と場合によって使い分けることが大事ですが、リモートコミュニケーションを円滑に行うのであれば、できるだけビデオオンにして会議に臨める準備をすることが望ましいでしょう。

POINT④ 同じ情報を見て会議を進める

ウェブ会議には、対面会議を超える機能が2つあると考えています。その一つが「画面共有」の機能です。一般的には、会議のために用意した資料を共有するために使われることが多いと思いますが、画面共有機能を使いこなせば、用意していなかった情報、例えば、その場でウェブ検索する、チャットツールの履歴を見る、業務システムの操作画面を共有する、などといったことも可能です。しかも、ウェブ会議に参加している全員が自分の画面を共有し合えます。対面会議で参加者が自分で持っている情報を共有するには、スクリーンにPCをつなぎなおすか、資料などを印刷してきて参加者に配る、などが必要でした。ウェブ会議の画面共有ツールであればボタンひとつクリックすれば、参加者それぞれが様々な情報を共有することができます。ウェブ会議を円滑に進めるために、顔を出す以上に重要なことは、会議参加者が同じ情報をみながら議論に参加する、ということです。そのためには、この画面共有機能を有効活用することが必要です。

POINT⑤ ウェブ会議時の沈黙対策は「指名」と「リアクション」

ウェブ会議中の沈黙に困っている方もいらっしゃるのではないでしょうか。特に「何か質問はありますか」の後には高い確率で沈黙が訪れるのではないでしょうか。このウェブ会議時の沈黙に対抗する方法が指名するという手法と、リアクション絵文字という機能を使うことです。指名は説明するまでもありませんが、例えば「何か質問ある方はいますか」ではなく、「○○さん、質問はありませんか」と名前を指して発言を求めていく方法です。発言した人が、次の発言者を指名していく方法も有効でしょう。リアクション絵文字は、質問がなければイイね（サムズアップ）マークや拍手マークを表示してもらうなど、無言でもリアクション絵文字で反応が見えるだけで進行がだいぶ変わります。ウェブ会議時の沈黙が多くて困っている場合は試してみてください。

POINT⑥　ウェブ会議とチャットを併用する

ウェブ会議が対面よりも優っているもう一つの機能が「チャットの併用」です。対面会議で、誰かが発言や説明をしている最中に発言をかぶせる行為は迷惑でしかありませんが、ウェブ会議であればチャットで意見や質問をかぶせることができます。ウェブ会議において、その会議（もしくはセミナーや研修）が盛り上がっているかどうかは、このチャットがどれだけ多くでているかどうかで決まります。この考え方は対面会議にはなかった考え方です。ウェブ会議ならではであり、対面会議を超える参加者の発言や意見出しを促すことができる機能です。リモートコミュニケーションの習熟度が高い方は、「チャットと会話する」ことができます。私も実践していますが、何かの説明途中にチャットがくれば、その発言をリアルタイムで拾い、回答したり、その意見を使って話題を広げたりしています。

このように、ウェブ会議は対面会議を超えるコミュニケーション効果を期待できる要素もあります。仕方なくウェブ会議をするのではなく、より効率と質の高い会議を実現するために、ウェブ会議の活用ポイントを駆使して会議自体の生産性を上げていきましょう。

図8■ ウェブ会議のイメージ

■リモートでも雑談を可能にするバーチャル・オフィス

ここからは、リモートコミュニケーションで生じている問題を解決するためのツールを説明していきます。

バーチャル・オフィスは、仮想空間上に集まって偶発的なリモートコミュニケーションを取るのに使えるツールです。主なツールとしては、コロナ以前から使われてきたSococo（ソココ）、コロナ禍で利用者を増やしているOvice（オヴィス）、NTTコミュニケーションズが提供するオンライン・ワークスペースNeWork（ニュワーク）、声だけのバーチャルオフィスであるroundz（ラウンズ）などがあります。私のチームでは、NeWorkを利用して、雑談タイムを設けて集まれるメンバーだけ集まって雑談に近いコミュニケーションをとっています。NeWorkでは、「バブル」と呼ばれる部屋をあらかじめ作っておくことで、毎回URLを発行しなくてもバブルに入るだけでメンバー同士の会話を行うことができます。画面共有や聞き耳を立てるだけの機能などもあるため、ラジオのように他のメンバーの会話を聞きながら自分の作業を進めることもできます。

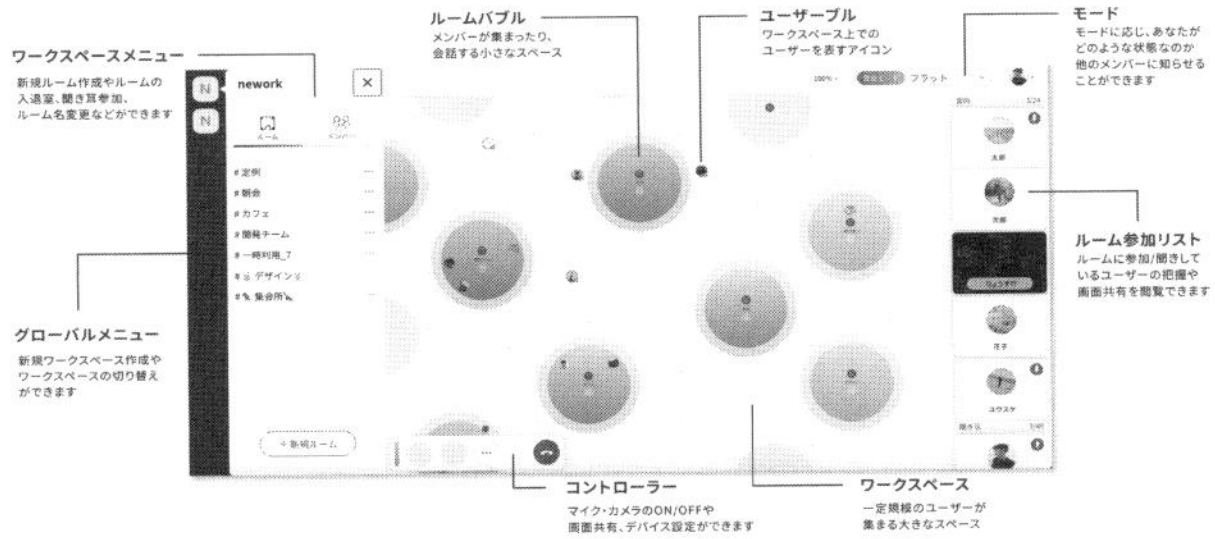

図9■ バーチャル·オフィス（オンライン·ワークスペース）の利用イメージ（サービス名:NeWork　提供元:NTTコミュニケーションズ　※画面は2021年5月時点のものです）

バーチャル・オフィスやオンライン・ワークスペースのサービスは、まだまだ黎明期で様々な新しいサービスが今後も生まれてくるでしょう。テレワークで雑談が減ってしまったと感じる方は、チームで実験的に取り入れてみてください。

■リモートでブレストできるオンライン・ホワイトボード

オンライン・ホワイトボードは、ネット上でホワイトボード上に付箋を貼ったり、フレームワークを用いて共同編集することで、リモートでもワークショップを行うことができるツールです。リアルな会議におけるホワイトボードや会議室の壁を使って、付箋や模造紙を使って行っていたブレイン・ストーミングやフリーディスカッションなどをリモートでも行えるツールです。オンライン・ホワイトボードツールには、ｍｉｒｏ（ミロ）や国産ツールであるＳｔｒａｐ（ストラップ）、Ｍｉｃｒｏｓｏｆｔ　Ｗｈｉｔｅｂｏａｒｄや
ＭＵＲＡＬ（ムラル）などがあります。

オンライン・ホワイトボードは、海外のツールが多く日本企業で利用する場合は、利用サポートが英語のみであったり、導入時のセキュリティ・チェックの面で導入が困難にな

る場合があります。グッドパッチが提供するＳｔｒａｐは、国産のオンライン・ホワイトボードツールとしてコロナ禍で問い合わせが急増したサービスです。利用サポートも国内で提供されており、日本企業が利用することを考えて各種機能が考慮されているため、今後も導入が伸びていきそうです。

私のオンライン・ホワイトボードの使い方は、チーム内で答えのないものをカタチにしていく際の共同作業スペースです。新規事業開発や、チーム全体の目標をつなげるＯＫＲの策定時など、メンバー全員でアイデアを出し合い、共通の何かを作っていく際になくてはならない存在になりました。ウェブ会議やバーチャル・オフィスなどを使って音声だけをリモートでつなぎ、オンライン・ホワイトボードを共有することで、同じ空間でホワイトボードや付箋を使ってディスカッションをしているのと同じように使えるようになります。また、会議を終えても、そのオンライン・ホワイトボード上で関係するメンバーそれぞれが情報をアップデートしていく様子が見えるので、会議に依存しなくても共同作業を進めることが可能になります。

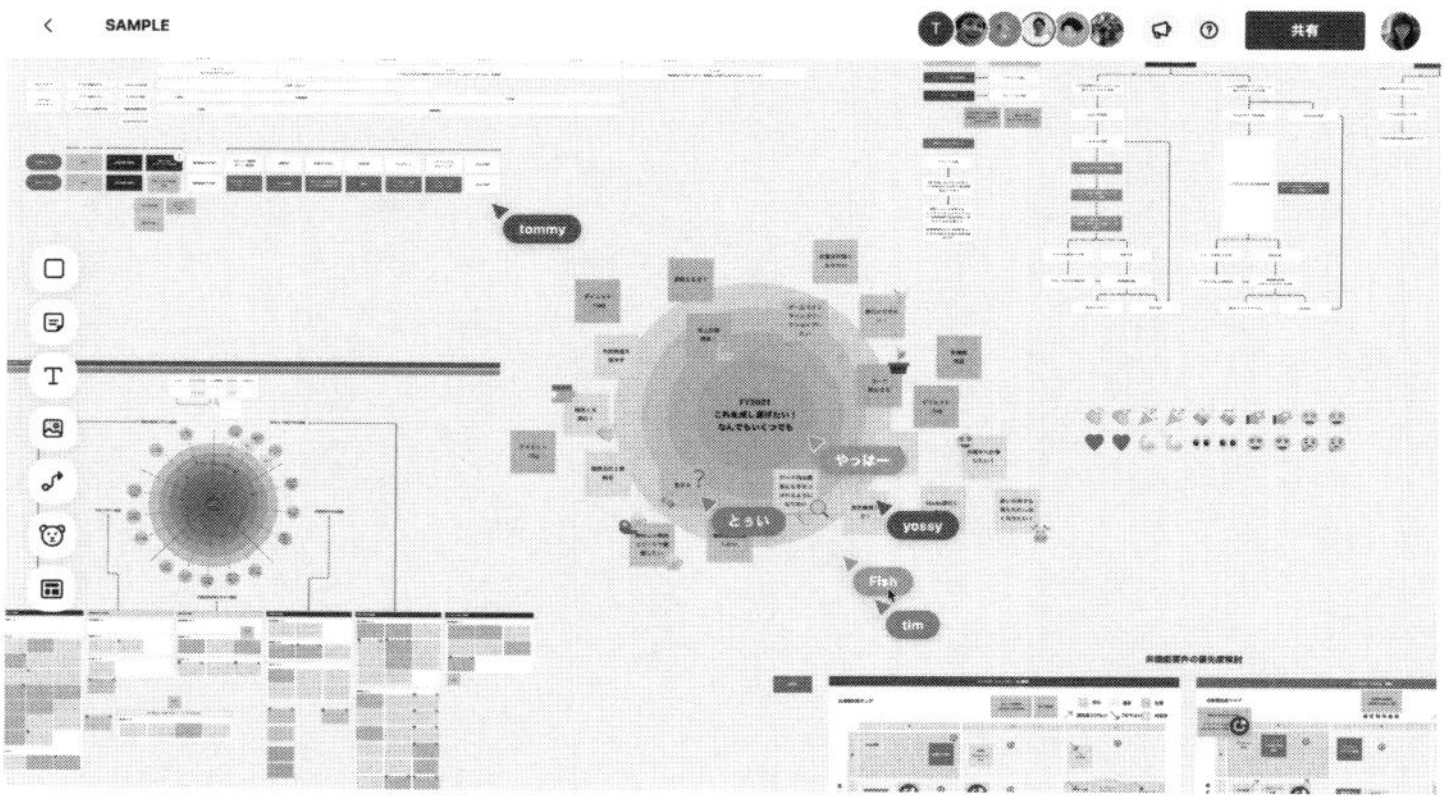

図10■ オンライン･ホワイトボードの利用イメージ
(サービス名:Strap　提供元:グッドパッチ　※画面は2021年5月時点のものです)

■仕事進捗を共有化するタスク管理・共有ツール

リモートで業務を進めていくと、「誰が何をやるのか、やったのか」、「タスクは進んでいるのか」などが見えづらくなっていきます。日々発生する定型業務であっても、特定のメンバーしかやり方が分からないといった属人化を防ぎ、関係者全体で業務手順や役割を明確にする意味でも、リモートでアクセスできるタスク管理・共有ツールは重要なコミュニケーション・ツールです。タスク管理ツールも数多く種類がありますが、プロジェクト管理であれば開発エンジニアを中心によく利用されているＢａｃｋｌｏｇ（バックログ）、「カンバン・ボード」と呼ばれるカード形式でタスクを動かすことでチーム内の進捗管理を共有できるＴｒｅｌｌｏ（トレロ）やＡｓａｎａ（アサナ）、様々なタスク管理形式をカスタマイズできるＷｒｉｋｅ（ライク）、経理や人事などの定型業務が多い場合に業務のテンプレート化を行えるＢｉｚｅｒ　ｔｅａｍ（バイザーチーム）などがあります。タスク管理ツールは、個人レベルで簡単使えるものも含めると非常に数多くのサービスが提供されていますが、チーム内でタスク共有まで行う場合は、組織やチームとして導入することになります。私の場合は、複数のチームで定例的な会議を運営したり、毎月発生する月末月初の請求・支払い対応などの定型的な業務に対応することがあるため、定型業務の共有化に強いＢｉｚｅｒ　ｔｅａｍを利用しています。

Ｂｉｚｅｒ　ｔｅａｍは、機能がシンプルに絞り込まれているため、簡単にタスクを起こして定型的な業務の流れを可視化でき、またその定型業務の流れ自体をテンプレートとして保存し、関係者間で再利用できます。定例的に行うウェブ会議のアジェンダも、Ｂｉｚｅｒ　ｔｅａｍを使えば会議関係者同士で追加・変更できるため、ウェブ会議の補助ツールとしても活用しています。

タスク管理・共有ツールは、プロジェクト管理などを求められるシステム開発やコンサルタントなどの一部の職種でテレワーク普及前から利用されてきましたが、今後は様々な職種で利用されることが予想されます。仕事の流れやナレッジを可視化し、共通化していくことが業務のデジタル化においてあらゆる現場で求められていくためです。

図11■ タスク管理ツールの利用イメージ
(サービス名:Bizer team　提供元:Bizer　※画面は2021年5月時点のものです)

■リモートコミュニケーション事例「株式会社ナラティブベース」

リモートコミュニケーション・テクニックを考える上で、自らリモートを前提とした組織運営、働き方を実践している企業にお話を伺いました。ナラティブベースは、いわゆる「通常の会社」とは組織の在り方は少し異なります。ですが、敢えてナラティブベースに事例を伺ったのは、これからの時代のリモートコミュニケーションを考える上でのヒントを実践的に保有していると考えたためです。

【企業概要】株式会社ナラティブベース

社名　株式会社ナラティブベース　NarrativeBASE Inc.
代表者　代表取締役　江頭　春可
設立　2011年1月21日
事業内容　業務委託・BPO事業、ワークフロー開発事業、ナレッジ開発事業、働き方コンサルティング事業、研修・ワークショップ企画運営などを企業向けに提供。業務改善とナラティブチームビルディングを提供。

ビジョン　　それぞれがしあわせな「はたらく」をつくりだす
企業ＵＲＬ　　https://narrativebase.com/
取材対応者：我妻あかねさん（ナラティブベース　パートナー／経営企画）

・ナラティブベースの働き方

ナラティブベースは、「自分たちの働く幸せを、自分たちでつくっていきたい。」という想いのもと、相互に成長を促進するフリーランスのコミュニティとして、自分たちがより良く働くための試行錯誤を続けている企業です。２０１１年の創業時から、オフィスを持たずにサテライトオフィスを拠点にしており、複業フリーランスメンバー中心に構成されているので、基本的には全員テレワークです。

ほとんどが女性メンバーで構成されており、新しい働き方が必要だった人たちが集まり、ひとつのコミュニティとして事業を運営しています。40人弱のメンバーが関わっていますが、組織に所属しているというよりは、プロジェクト・ベースの働き方です。リモートコミュニケーション中心ではありますが、必要に応じてリアルなコミュニケーションもとってきました。コロナ禍を経て、フルリモートでコミュニケーションをとるために、もう一段の進化が必要になりました。会社組織とは異なる、コミュニティ型の働き方であり、かつフルリモートであるが故に、様々な試行錯誤をしてきました。

例えば、はじめて一緒に仕事をする新しいメンバーを受け入れる際には、「ウェルカム・レクチャー」ということをやっています。「ウェルカム・レクチャー」では、パターン・ランゲージの手法を用いて、自分たちの働き方について伝えています。パターン・ランゲージとは、経験を持っている人から抽出された実践知を、他の人の参考になるヒント集として提示するという、新しい知恵の伝承方法です。仕事のルールを説明するのではなく、自分たちが今まで失敗してきたことも含めて、一緒に働くためのヒントを伝えています。

この「ウェルカム・レクチャー」もオンラインで、1対1または2対1で行います。「フルリモートで働いていくと、だいたい2か月後にこういう壁にぶつかることがありますよ」といった経験からくる出来事をあらかじめ伝えておくことで、新たに組織に参加する人の不安を軽減したり、早い段階で「チームとして解決すること」の必要性に気づいてもらったりすることにつながります。例えば、フルリモートで取り組むはじめての仕事の場合、はりきり過ぎて体調を崩してしまった場合、ひとりで何とかしようとして結果的にその仕事がうまくいかなくなってしまうようなことがあります。チームで仕事を進めていく上で、ネガティブなことも早めに発信して、チームに助けを求めることが必要です。「ウェルカム・レクチャー」では、言葉だけではなく図やストーリーを用いて起こり得る出来事を事例として伝えておくことで、実際にそういった状況に直面した時に、一人で抱え込まずに、チームに助けを求める行動が取りやすくなります。このパターン・ランゲージを用いた「ウェルカム・レクチャー」といった手法自体も、自分達の今までの経験から生み出したものです。

また、プロジェクト参加後には、プロジェクトごとに定期的にKPT（Keep、Problem、Try）のフレームを利用して、オンラインで振り返りミーティングを実施しています。このミーティングは、お客様に届ける価値を継続的に高めるという目的のほか、プロジェクトメンバー間で賞賛する文化を醸成するとともに、課題を共有して目的に向かってともに考える文化を創ることに寄与しています。ともすると、「文句を言う人」「解決する人」に分かれてしまいがちなところを、このミーティングによって全員が目的志向で課題に向き合うことができるようになっています。

・ナラティブベースのリモートコミュニケーション環境

ナラティブベースは、フリーランスメンバー中心に構成されていますが、プロジェクト単位でチームとして働くために、共通のリモートコミュニケーション環境を利用しています。

＜リモートコミュニケーション環境＞

・グループウエア：Google Workspace
・チャットツール：Slack
・ウェブ会議：Zoom
・オンライン・ホワイトボード：miro
・タスク管理：Wrike、ClipUp、boardなど

リモートコミュニケーションの基盤は、メールは使用せずにＳｌａｃｋを利用していま す。何気ない雑談なども、Ｓｌａｃｋの雑談チャンネルやＺｏｏｍを繋ぎっぱなしする時間を設けるなどしてコミュニケーションをとっています。組織やプロジェクトに関する資料などのドキュメント共有は、Ｇｏｏｇｌｅ Ｄｒｉｖｅを利用しています。タスク管理は、プロジェクトの性質によって使い分けています。リモートで働く上での経験値を積む意味でもＷｒｉｋｅやＣｌｉｐＵｐなど、新しいツールを色々試していっています。メンバーからは「色々なツールがあって大変」という声もありますが、新しいツールを展開する際には、使い方の説明動画を録って共有するなど、非同期のコミュニケーションをとっています。組織内での情報共有は、Ｇｏｏｇｌｅ Ｗｏｒｋ Ｓｐａｃｅの中でグーグルサイトの機能を使い、組織内のイントラページを作成して行っています。この組織内情報共有も、Ｎｏｔｉｏｎに入れ替えを進めています。フルリモートで働くスキルや経験を身につけるために、メンバーが色々なツール使ってみようと思えるノウハウは積極的に共有しています。そのツールを使っていた方が得な状態をつくるように工夫をしています。例えば、「共有カレンダーはプライベートの予定とプロジェクト用の予定をこう使い分けると便利」といったような、使ってみたくなるような情報を共有したり、共有カレンダーを使っておいた方がプロジェクト内のスケジュール調整やコミュニケーションがとりやすくなる、といった実務的な利便性を得られるようにすることで、使った方が得な状態をつくり出しています。

オンラインホワイトボードのｍｉｒｏは、昨年から利用を始めました。チームで合宿してOKRをつくり、チーム全体の目標を言語化して共有しようと考えていたんですが、緊急事態宣言でリアルに集まることができなくなってしまいました。そこで、オンラインホワイトボードのｍｉｒｏを使い、フルリモートでワークショップを行い、OKRを策定しました。それ以降、お客様向けのワークショップもｍｉｒｏを活用しています。タスク管理ツールについては色々な新しいツールに常にチャレンジしていますので、よくツールを変更したり、プロジェクトごとに使い分けています。見積・請求などの業務にはｂｏａｒｄを使用しています。ｂｏａｒｄは、主にスモールビジネス向けに開発された見積書、請求書などの書類作成を簡単にできるクラウドツールです。書類作成だけでなく、案件管理や業績数字の予測などにも使えるため、ＳＦＡ（営業支援システム）と会計ソフトの間をつなぐ存在になっています。フリーランス中心のプロジェクトベースの働き方であっても、組織として活動しているので、こういった事業に関わる情報の可視化、共有化もコミュニケーションをとる上で重要な環境だと思います。

既成ツールで賄えない部分は、自分たちでGoogle Apps Scriptで組んでいます。例えば、業務委託メンバーへの支払い管理などはスプレッドシートで自動計算できるようにしています。誰がどの案件で、どれだけ稼働したかを算出し、その実績データを見ながら年1回程度メンバー全員と、一人ずつ面談を行っています。業務管理のためではなく、メンバー一人ひとりが自分自身で現状を把握し、自分の目標を持って働くために、実績データに基づいてコミュニケーションをとっています。「次はこういう仕事に挑戦したい」、「今はプライベートがこういう状況だから少し仕事をセーブしたい」といった個々人の意見や考えも聞いた上で、依頼する仕事の内容も変化させていきます。そういった個々人が自律的に働けるようにコミュニケーションをとることで、自分にとて幸せな働き方は何かを考える機会を創出しています。

・リモートコミュニケーションと自律

リモートコミュニケーション環境の話から「自律的に働く」というお話になりました。フリーランスで働く人というと、高いスキルを持っていて一人で仕事を完結させられる人というイメージがあるかもしれません。ですが、ナラティブベースが考える自律的に働ける人とは、ひとりで何でもできる、何とかできる人ではなく、プロジェクトの目的達成のために必要な能力を持つ人に力を借りることができる、適切なタイミングでチームに相談ができる人だと考えています。仕事の目的に向かっていく時に、自分自身と向き合い、必要に応じて適切にアラートをあげて他の人に助けを求められる人です。「自分でここまでやれる、ここから先はできない」というコミュニケーションをとっていくことを、自分で考えられる人、目的ファーストで考えられる人が自律的な人だと考えています。

誰しも「間違いたくない」、「評価されたい」、「自分は間違ってない」という思いがあり、そういった感情や思考が目的に向かうことを邪魔することがあります。「私」が主語でなく、「目的」が主語になること、一緒に仕事・プロジェクトのゴールを目指してチームとコミュニケーションをとることができる。その過程で自律的な「自分」が形成されていくのだと思います。

リモートコミュニケーション小噺　その四
「街中のリモートコミュニケーション・ツール」

最近、都内の駅ナカなどで大きな電話ボックスのようなものを見かけるようになってきました。駅だけでなく、商業ビルのエントランスなどでも数年前まではなかった、大きな電話ボックスのようなものを見かけることがあります。テレワーク・ボックスやテレワーク用ワークスペースと呼ばれているもので、都内の主要駅などを中心にここ2、3年で設置される場所が増えました。これは、実は2017年からブイキューブが、「テレキューブ」という名称で実証実験に取り組んだものが成り立ちです。テレワーク難民と言われる、「移動中にテレワークできる最適な場所がない」と云うビジネスパーソンのためにつくられたサービスです。

私も在宅勤務の比率が高くなったコロナ禍の今では、「テレワーク難民」になることは少ないですが、それまでは移動途中にウェブ会議に参加しなければならないことも多くありました。ちょうどいい喫茶店がないときなどは、駅の隅で立ちっぱなしでウェブ会議に参加するようなこともありました。まさにテレワーク難民です。

最近も、月1、2回は出社や対面での訪問が必要な場合がありますので、この前後の移動時間にウェブ会議やセミナー講演などが入った時には、迷わず個室ワークスペースを検索して予約し、個室ワークスペースの中から会議に参加したり、セミナーで講師をしたりします。

テレキューブやJR東日本が提供する「STATION BOOTH」には、サービスごとに会員登録して予約や精算ができるサービスサイトがあります。そのサービスサイトに会員登録して、自分が使いたい場所を検索し、ボックス単位で利用時間帯を予約することで、現地についたらボックスに備え付けられているQRコードリーダーに予約時に発行されたQRコードをかざすことで利用できます。ボックスの中には、セキュアなWiFiとサブディスプレイが完備されており、中に入ってしまえば外の音はほとんど聞こえなくなります。ウェブ会議などで利用する場合は、周囲の目や音を気にしなくてはならない喫茶店より遥かに快適です。まさに街中にあるリモートコミュニケーション・ツールで、テレワーク難民経験者である私にとっては非常にありがたいサービスです。

まだ使われたことがない方は、一度使ってみるとその利便性と快適さを感じられると思います。利用する時間によっては、喫茶店よりコストが高くなることもありますが、移動途中などでも快適にウェブ会議に参加したい場合は、是非利用してみてください。

＜主なテレワークボックス・サービス＞

「テレキューブ」
https://telecube.jp/

ＪＲ東日本が運営する「ＳＴＡＴＩＯＮ　ＷＯＲＫ／ＳＴＡＴＩＯＮ　ＢＯＯＴＨ」
https://www.stationwork.jp/

東京メトロと富士フイルムビジネスイノベーションが提供する個室型ワークスペース

■ 写真は某駅内のテレキューブ（筆者撮影）

「ＣｏＣｏＤｅｓｋ」
https://www.fujifilm.com/fb/solution/menu/cocodesk

第5章　リモートコミュニケーション・マインド

ここまで、リモートコミュニケーションで必要となるスキル（能力）とテクニック（技術、知識）をお伝えしてきました。この章では、スキルとテクニックを生かすための軸となるリモートコミュニケーションのマインド（心得、姿勢）について説明します。

長年、テレワークを前提とした働き方を実践してきたことで、私の仕事観もずいぶん変わりました。一番大きな変化は、「会社から与えられた仕事をやらされている」という感覚がなくなったことです。正直に言うと、約10年前までは会社に行くこと、上司から指示されたこと、お客様に言われたことをこなすことが仕事になっていました。徐々にテレワークが中心の働き方に変化し、ひとりで働く場所や段取りも考えるようになり、組織の枠を越えて多くの人と出会うようになりました。そして、リモートであることを生かして複業にも取り組み始めたころ、気づけば「自分で自分の仕事をつくり、自らの意思で進める」ことが当たり前になっていました。自律した働き方を、考え方やマインドセットと共に手に入れていたのです。この自分自身の変化に気づいたときは、なぜそのような変化が起きたのか説明することができませんでした。ですが、本書を執筆するにあたり、改めてリモートコミュニケーションについて整理していった結果、テレワークの中で発揮しなくてはな

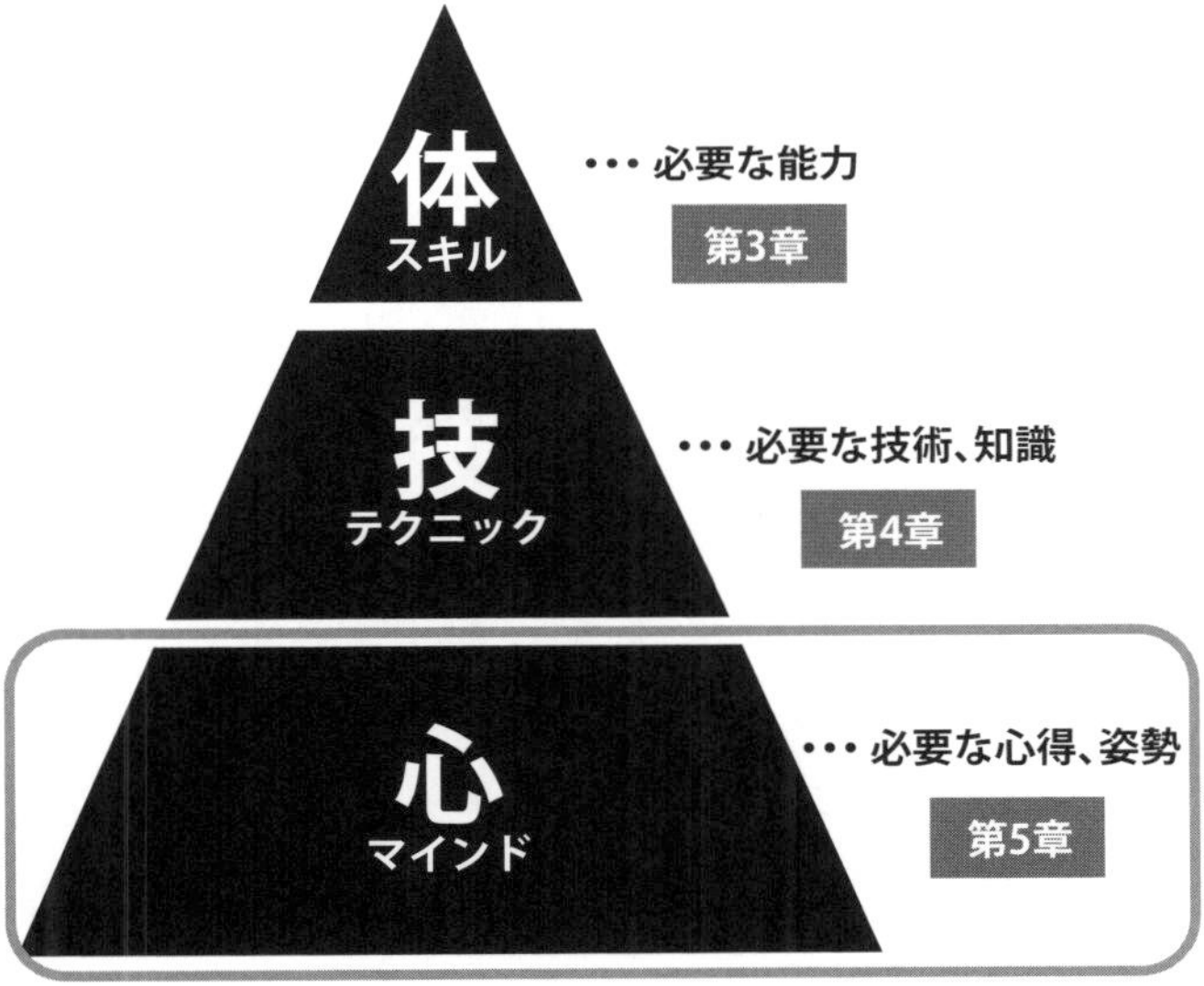

図1■ リモートコミュニケーションの「心」

らないリモートコミュニケーションこそが、自律的な働き方やキャリアの考え方につながっていることに気づくことができました。

■自らの「律」を持つこと

リモートコミュニケーション・マインドで先ず大事なことは、自らの考えや意思を持ち、発信することです。テレワーク前提になれば、物理的にはひとりで行動することが多くなります。チャットやバーチャル・オフィスなどを使っていたとしても、自らつながりに行かなければひとりです。ひとりでいることは、誰しも不安です。「何となく、そこにいる」という心持ちでは、この不安に打ち勝つことはできません。チャットやバーチャル・オフィスなどでつながったとしても、自らの考えや意見を発信しなければ、周囲からすればそこにいないのと同じです。厳しいようですが、「誰かが気をつかってくれるだろう」と言う発想では、パフォーマンスを上げることはできません。

私の所属する組織では、数年前から新入社員であってもテレワークが前提です。初期の頃は、「ひとりで業務を進めることができないから」という理由で、新入社員にはテレワークを認めない風潮がありましたが、実践してみてそのルールには意味がないことがよく分かりました。新入社員であっても、テレワークでパフォーマンスが高いメンバーに共通していることは、自分で考え、自分の意見を持ち、必要に応じて先輩やマネージャーを頼って自らの役割を果たそうとする人です。これは、ただ年次を積み重ねれば身につくものではありません。

テレワークにおいて重要になるのは、ひとりで仕事を進めることができる「自立」ではありません。むしろ、これだけの変化が激しい時代において、ひとりで全て完結できる仕事はごく一部ではないかと思います。未知の要素が増えていく中、様々な他者と関わり合いながら、共同で仕事を進めていくことが不可欠です。その時に必要になる力のひとつが、リモートコミュニケーションです。

第4章のナラティブベース社の取材でも、リモートコミュニケーションの話から「自律的に働けるかどうか」という話が出てきました。コロナ以前からテレワーク前提で働いている人や組織の考え方を聞いていると、この「自律」という言葉は必ず出てきます。自律とは、自らの価値観や信条に沿って判断し、行動できることです。これは、仕事のやり方を覚えるだけで身につくものではなく、自ら気づき、発揮していく中で磨かれるものです。経験年次に関係なく、リモートコミュニケーションでは、自律した思考と行動を求められます。求められる中で、自らの「律」を磨いていくことで自律性を高めていくことができます。

■目的思考と相手思考

自律性を持った上で、必要になるマインドが「目的思考」と「相手思考」です。リモートコミュニケーションで多様な他者と共に働いていく上で「目的思考」と「相手思考」を持っていないと、ひとりよがりなコミュニケーションになってしまいます。自らの「律」を持つといっても、単に自分の言いたいことだけを発信することではありません。重要なのは、仕事の「目的」を理解し、「相手」の置かれている状況や考え、期待することを感知し、受信しながらコミュニケーションをとっていくことです。

人は不安になると自分を守るための思考や行動をとろうとします。ですが、自分に矢印が向いたコミュニケーションをとっていても、他者を動かすことはありません。「目的は何か」ということを常に意識し、「相手は今どういう状態にあるか、何を期待しているか」を想像した上で、自らの考えや意見を発信していくことが大切です。自分のためだけではなく、相手のためだけでもなく、目的を果たすために自らの「律」をもってリモートコミュニケーションをとっていきましょう。

この二つの思考法は、リモートで仕事を動かしていく上で非常に重要なものだと、完全テレワークになった今、特に実感しています。リモートコミュニケーションで進める仕事では、「何となく進める」ことは非常に危険です。互いに察し合うことができないため、共通の目的をしっかりと言語化し、関係者間の互いの状況や期待を配慮し合いながら、目的を果たすために遠慮せずに伝えるべきことを伝えあっていくことが大切です。

■配慮はしても遠慮はしないこと

「リモートだと指摘や指導がやりにくい」という声を聞きます。そう感じるとき、コミュニケーションのベクトル（矢印）はどこを向いていますか。何らかの不安を抱えている自分自身に矢印が向いていいませんか。

仕事の目的に矢印が向き、目的を果たすために相手に対して矢印が向いていれば、リモートだからといって指摘や指導がやりにくい、とはならないはずです。対面かリモートかの問題ではありません。リモートコミュニケーションになれば、チャットなどのテキストコミュニケーションや、ウェブ会議などの音声を中心にしたコミュニケーションが増えていきます。どうしても、一方通行の発信が発生しますので、コミュニケーションの影響範囲に対する「配慮」は必要になります。ですが、「遠慮」して伝えるべきことを言わない、まわりくどく表現して結局伝わらないのでは、目的を果たすことに近づきませんし、相手のためにもなりません。リモートコミュニケーションでも、目的に向かって周囲を動かし、仕事を前に進めていくためには、配慮はしても遠慮をしてはならないのです。

「配慮はしても遠慮はしない」を実践するためにも、第2章でお伝えした、コミュニケーション・フェーズ1、2における関係構築と前提共有は重要です。このコミュニケーション・フェーズの前半で、「言っても大丈夫」という、チームにおける心理的安全性を高めておくことが大切です。また、コミュニケーション・フェーズの全般において、心理的安全性を高めるポイントとしては、「自己開示」と「非があれば認める」ということがあります。

相手に言いっぱなしで終えるのではなく、自らのこと、想いや感情をしっかりと言葉にすること、間違っていたことがあれば、しっかりと自分自身の非を認めてチームに開示すること、など自分自身のことを出していくことについても、遠慮しないことです。

■変化を恐れず「先ずやってみる」こと

リモートコミュニケーション・マインドの最後のポイントは、変化を恐れず「まずやってみる」ことです。これは、コミュニケーションだけに限ったことではないのですが、リモートコミュニケーションが広がることによって、様々なコミュニティに参加しやすくなっていたり、様々な新しいツールを試行錯誤する必要が生まれたり、仕事のやり方を見直さなければならなくなったりと、皆さんの身の回りでも変化が日々起きていると思います。コロナの影響によって、普通ならば数年かかるような大きな変化が、短期間に次々と起きています。

私たちは想像以上に大きな変化の過渡期にいます。1年後にどうなっているか、誰も想像できない世界です。過去の延長線上では、未来を想定できなくなっています。これだけの変化が起きている時代で、変化に翻弄されるか、変化を自らの追い風にしていけるか。分岐をどう生かしていくかは、変化に対してチャレンジするかどうかにかかっています。

どんな小さなことでもいいのです。日頃使用しているツールの普段使っていなかった機能を試してみる。気になっていたけど参加に一歩踏み出せなかったコミュニティのイベントに参加してみる。言いたくても言い出せなかったことを、チャットで一言でもいいので発信してみる。小さな「やってみる」というチャレンジが、状況を変えることがあります。

変化を恐れていても、今の時代、誰かが変化を巻き起こしていきます。いつ起きるか分からない変化を恐れるだけではなく、自ら変化を起こしていきましょう。ほんの小さなことでいいのです。その小さなチャレンジであっても、リモートコミュニケーションが持つ可能性は、距離や時間を超えて波紋を広げることがあります。自分で思っている以上に、自分の小さなチャレンジが、誰かの共感を呼び、動かすことがあります。

■DXの中で起きる働き方の転換

今、時代は大きな転換点にあります。ただ、「テレワークをすることになった」だけの話ではないのです。本書を締めくくるに当たり、リモートコミュニケーション・マインドを持つことが、どれほど大きな変化に影響するか、その可能性を説明します。

私は、働き方改革という言葉が言われる以前から、日本人の働き方に違和感を覚えていました。それは、私だけではないはずです。２０１０年代は、働き方改革の時代でした。２０１１年の東日本大震災に端を発して、様々な出来事が多くの人の価値観を変えていきました。生き方や働き方を変えた人も多いはずです。

そして、次の10年。２０２０年代は、さらにこの変革が加速します。働き方改革によって、多くの企業と働く人たちは、長時間労働の削減に取り組みました。そして、少子高齢化や労働人口不足が加速する未来を見据えて、多様で柔軟な働き方を取り入れるべく、テレワークやフレックス勤務などの制度導入が進みました。制度アプローチが今ひとつ大きな変化に至らなかったときに、新型コロナが世界中で猛威を奮い、世界規模でステイホームを余儀なくされた結果、１年以上に渡ってリモートコミュニケーションが人々をつなげる主要な手段になりました。

日本の働き方だけ見ても、「働き方改革による時間制約からの解放」、「テレワークによる場所制約の解放」と、今までの働き方において当たり前と思われてきた様々な制約が解放されてきています。そして、今後の変化のトレンドとなるのがＤＸ（デジタルトランスフォーメーション）です。ＤＸ自体は数年前から言われてきたことですが、これから数年の間、多くの企業や働く個人に変化を求めるスローガンとして日常的に目に、耳にすることになるでしょう。ＤＸは働き方にもさらなる変化をもたらします（私はワークスタイルＤＸと呼称しています）。これから起きる変化は、もはや歴史的転換といっても過言ではないものになるでしょう。

私見ですが、次なる制約解放は「所属制約からの解放」になると考えています。一つの組織に所属し、キャリアを終えていく時代が変わろうとしています。変化の兆しは既に顕在化しています。様々な企業で人事制度においてジョブ型雇用の検討が進んでいること。経済産業省が公表した「人材版伊藤レポート」と呼ばれる「持続的な企業価値の向上と人的資本に関する研究会報告書」の中で語られている人材戦略への注力の必要性。そして、リーディングカンパニーの中期経営計画の多くでＤＸと合わせて目にすることとなった「キャリア自律」。働く個人を主語にすれば、私もその一人ですが、副業（複業）を始める人が急増しています。こういった流れを受けて、これからの時代、人と仕事のあり方は、さらに大きく変化していくでしょう。

リモートコミュニケーション・マインドの最後に、この「働き方の転換」を説明したのは、単に目先のリモートコミュニケーション状況を乗り切るためではなく、これからの時代に起きる変化に対して、私たちひとりひとりが変わっていけるチャンスであると心得てほしいからです。リモートコミュニケーションを使いこなしていく過程で獲得し、高めていく自律の力は、単にリモートコミュニケーションを行うためだけではなく、私たちの働き方、そして生き方まで変えていく可能性を秘めています。この2年間でもたらされた急速な変化に翻弄されることなく、自らを変えていく力にしていくマインドを持っていただきたいのです。不安なのは誰しも同じです。不安を危機感に変え、危機感を変化するための起爆剤にして、ひとつでもいいので行動を変えていってください。

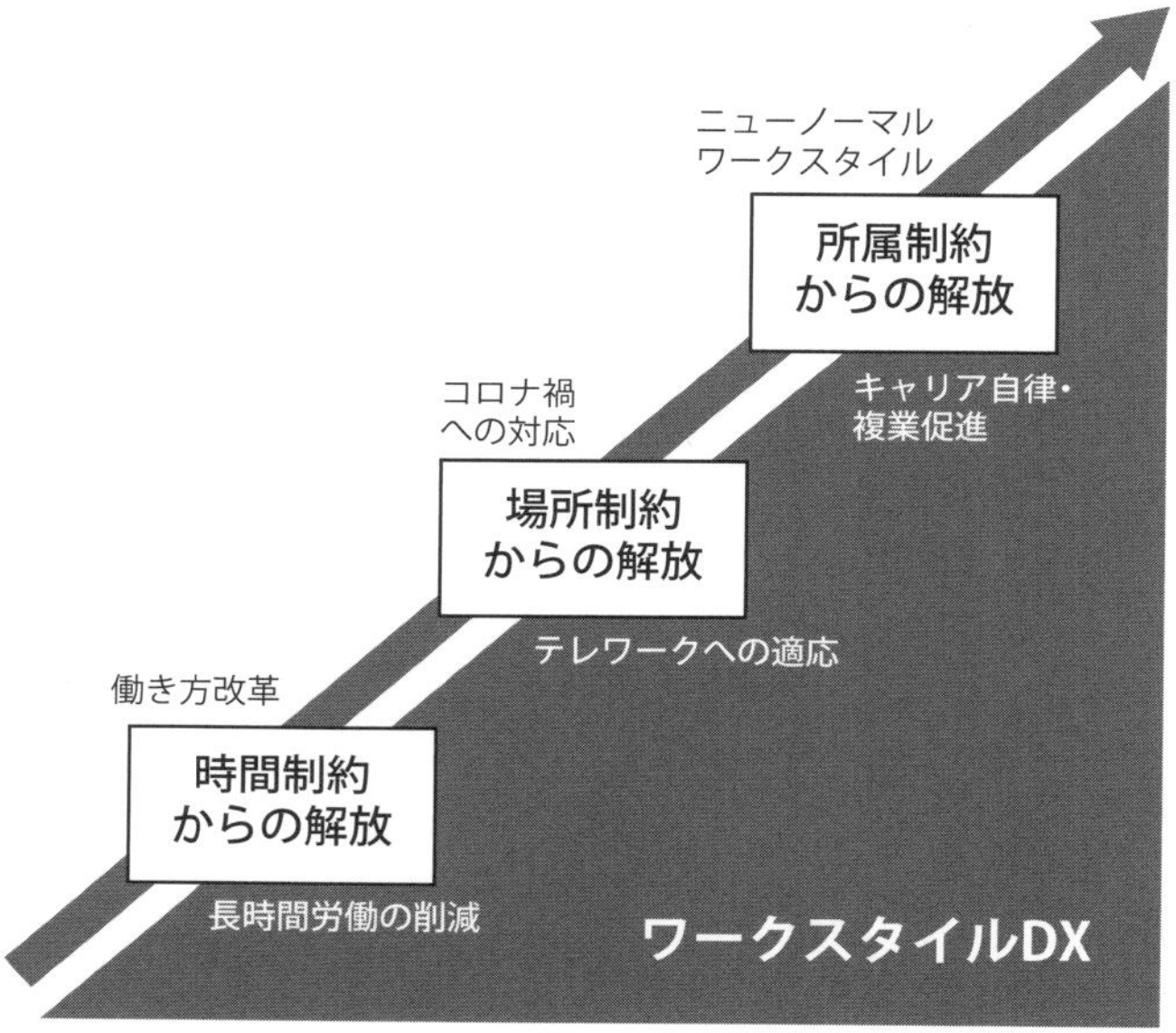

図2■ 働き方の転換 ワークスタイルDX

第6章　対談

プロティアン教授・田中 研之輔氏

「テレワークの先にある自律的な生き方」

■対談の趣旨

半ば強制的なテレワーク状態が1年以上経過し、この働き方の変化への適応に、多くの企業やそこで働く個人は試行錯誤を続けています。良くも悪くも、リモートに慣れてきたことによる表層的な課題解決感も出てきました。

本当にそれで良いのか？　この変化の本質は何なのか？

私は、この変化の本質は、テレワークで働く人々が「自律的に働く」という、これからの時代により求められるであろう、新たな働く上での能力を手に入れることにあるのではないかと考えています。リモートを前提とした働き方では自らの「律」を持つことが必要になります。そして、自律した個々人が共に働く時に、リモートコミュニケーション力の発揮が求められると実感しています。「自律的に働く」能力は、リモートコミュニケーションに取り組んでいく先に、得られる能力であり、今後より一層求められていくでしょう。
「自律的に働く」とはどういうことか。そのヒントを、キャリア自律やジョブ型雇用が求められる時代に「プロティアン・キャリア（変幻自在なキャリア）」というキャリア論を提唱し、普及を推し進めている法政大学　キャリアデザイン学部教授である田中 研之輔氏との対話から示唆を得るために、本書の締めくくりとしてこの対談を企画しました。

田中 研之輔　たなか・けんのすけ

法政大学キャリアデザイン学部教授／一般社団法人プロティアン・キャリア協会　代表理事／社外顧問・個人投資家
UC. Berkeley元客員研究員　University of Melbourne元客員研究員 日本学術振興会特別研究員SPD 東京大学／博士：社会学。一橋大学大学院社会学研究科博士課程修了。専門はキャリア論、組織論。社外取締役・社外顧問を24社歴任。個人投資家。著書25冊。『辞める研修 辞めない研修－新人育成の組織エスノグラフィー』『先生は教えてくれない就活のトリセツ』『ルポ不法移民』『丼家の経営』『都市に刻む軌跡』『走らないトヨタ』、訳書に『ボディ&ソウル』『ストリートのコード』など。ソフトバンクアカデミア外部一期生。専門社会調査士。新刊『プロティアン―70歳まで第一線で働き続ける最強のキャリア資本論』。最新刊に『ビジトレ－今日から始めるミドルシニアのキャリア開発』日経ビジネス　日経STYLE他メディア多数連載 プログラム開発・新規事業開発を得意とする。

です。

■なぜ、企業は「自律」を社員に求め始めたのか？

成瀬　まず最初に伺いたいのは「なぜ、企業は社員に自律を求め始めたのか」ということです。

田中　目の前に起きている現象を見ると例えば対面のワークからテレワーク、ハイブリッドワークに変わっていますよね。これは大きな変化の一つです。

しかし、時間軸を戻して考えてみると、コロナが起きたから急にテレワークが始まったわけではないのですよね。以前からテレワークに取り組んでいた企業もありました。

まず、抑えるべきは、次の三つの歴史的モーメントの交錯です。

一つ目は政府による働き方改革です。働き方の多様化を促進しています。子育て、介護、時短、副業、兼業、均一の労働ではなくより柔軟でしなやかに多様な働き方を認めましょうということで、残業を強制するのではなく、時間内勤務にしてインターバルもとって、という働き方改革が推進されてきました。

二つ目は経済界の重鎮による日本型雇用の制度疲労発言です。このパブリックメッセージは、２０１９年に発信されました。この二つの出発点は忘れてはいけません。

そして三つ目に、この働き方改革と日本型雇用の制度転換というタイミングで出てきたのがコロナですね。

この三つの歴史的モーメントにより、従来型の組織内キャリアから自律型キャリアへの転換が求められるようになったのです。つまり、技術的にリモートで働けるようになったというテクノロジカルシフトだけではなく、テレワークによって働き方の本質的な部分がドラスチックに変わっているエッセンシャルシフトによってキャリア自律が求められるようになってきたのです。

成瀬さんはどういう理解でしたか。

成瀬　私はコロナがもたらしたものは「変革の加速」だと思っています。２０１０年代を振り返ってみるとすでに働き方や、人事のあり方、働く人の価値観も大きく変わっていこうというモードが起きていました。その変化の一番大きなきっかけ、インパクトは東日本大震災でした。社会に大きな影響を及ぼす出来事は、多くの人の価値観を揺るがしていきます。でも人間は忘れる生き物ですので、3、4年たって忘れた2015年くらいに、過労自殺事件があって、「働き方改革」というのが企業の取り組みスローガンになっていった。

もうひとつ象徴的だったのは2020年の東京オリンピック・パラリンピックに向けて関東圏を中心にですが、テレワークをやっていこうというムーブメントがあったことです。それがひとつの大きなインパクトになるはずだったんですが、コロナ影響に置き換わってしまった。その結果、10年くらいかけて変化していくものが、この1、2年で一気に変化せざるを得なくなりました。この時代に生きる我々自身もこの「変革の加速」に対応しなきゃいけない、というのが今の状況なんだろうなととらえています。

田中　私が最初に話したのは働き方改革と日本型雇用とか、制度とか経済による変化でした。それに対して、成瀬さんが着目したのは日常生活の破壊というか、震災とか、目の前の社会空間の変容ですよね。あとは過労死の話とか。これらの日常での出来事は遠い島の話ではなくて自分たちの会社においても起こりうるリアリティがありました。だから制度というどこか手触り感がないんだけど、我々の働き方そのものに変化が起こりうるんだ、ということをみんなが感じていたからこそ、今回の「変革の加速」という話になってきたと思うんです。

私が今考えているのは、なぜ加速したときに組織的キャリアが強化されなかったのか、ということなんです。どういうことかというと、社内携帯渡して、出勤時間と退勤時間を管理し、さらにどこで働いているかGPSでログを取っていくとか、こういう管理統制型で組織内のキャリア形成を維持することができたにもかかわらず、今世の中ではそうはなっていないというところに希望を感じているのです。

これからの働くというのは管理とか統制とかコントロールとかじゃなくて、キャリア開発支援とか自律支援とかになります。働く人の自律的なキャリア開発を企業が応援することによって、組織内キャリアも組織内エンゲージメントも上がるということに気づき始めた企業もあるのです。

もちろん、副業禁止など社員の働き方を統制する企業もまだまだあります。管理統制を強めた企業もあります。ただ間違いなく言えるのは、管理統制を強め組織内キャリアマネジメントを維持し続ける企業からは、優秀な人材層は抜けていきます。経営層からしてみたら抜けて行ったら困る人たちが。だからこそ「自律的なキャリア開発」ということが、企業側からも経済界からも、今フォーカスされるべきホットイシューになったのです。

■テレワークがもたらした変革とは何か

成瀬　テレワークや副業（複業）の普及が、個人の自由な選択肢を今まで以上に広げていると思います。仮に副業（複業）を禁止されていようと、実質的にはできてしまいますし、転職もしやすくなっています。例えば私今４０歳ですが、10年前は40過ぎて転職というのは非現実的だったと思うのですが、今はむしろ「それくらい脂がのった人に来てほしい」という企業もあります。これは、逆に20代などの若い方でも、専門性さえ持っていれば経験年数に関わらず高い需要があります。個人が状況を動かす力を持ち始めているということに、もっと企業は目を向けるべきだと思います。

田中　2020年9月に経済産業省が発表した「人材版伊藤レポート」では、人事じゃなくて人材戦略の必要性が提唱されています。私も同意見で、経営戦略と事業戦略とキャリア戦略、どれ一つ欠けても企業の成長はあり得ません。だからテクノロジーとかテクノロジカルシフトによって我々が気づかなければいけないことは、テクノロジーでコントロールすることじゃなくて、テクノロジーで個々のビジネスパーソンのパフォーマンスを最大化させるという、つまり人的資本の最大化なのですね。

人事部という部署からキャリア開発支援部とかキャリア育成部とかにして、人的資本の最大化をするユニットを作らないとだめだと思います。

我々が今回のリモートコミュニケーションというのを突破口にしながら考えないといけないのは、働き方のドラスティックなシフトなんです。そこに目が向かなかったら、また元に戻ってしまいます。

成瀬　テクノロジーによってパフォーマンスを上げていくという話で思い出したことがあります。働き方改革で多くの企業が残業時間を大きく減らしています。人事の方から「これ以上やることがありません、平均残業時間も10時間を切っています、これ以上何をやったらいいんでしょうか」という質問を受けたことがあります。生産性の分母・インプットを減らすことはみんな一生懸命やってきているんですが、生産性の分子・アウトプットを上げるために事業の付加価値をどう高めていくこと、新たな価値を生み出すということに対する解がないんですよね。

田中　そうですね。だからグロースが下手なんです。私は上場を見据えているスタートアップ3社の社外顧問をしているのですが、こういった会社はコミュニケーションと意思決定のスピード感が桁違いです。「やりましょう」の一言で、翌日から社内のデザイナーが作り出すみたいな感じです。一方、大企業だと例えば一つの動画プロジェクト案件で撮影を始めるまでに3カ月かかるわけです。テレワークでも、ポジティブな要素がどう生まれているかをちゃんと組織内で認識しないといけないと思います。

成瀬　そうですね。

田中　例えば都市型の労働だと通勤で1日平均2時間くらいかかっているわけです。この2時間は、知見のインプットやメールの返信等は行えるとしても、会議を開いてディスカッションするわけにはいかないのです。また、クライアント先への移動にも時間が奪われてきました。テレワークであれば、移動による時間コストを削減し、その分クリエイティブで生産的な時間を確保できるわけです。現実的には、完全なテレワークだけでなくハイブリッドが望ましいと思いますが、月1回とか3週間に1回とかのオフィスワークのペースで十分回るのではないでしょうか。

成瀬　オフィスワークか、テレワークか、という2択ではないですよね。本書でも改めて整理しましたが、仕事を進める上でのコミュニケーション・フェーズにおいて使い分ける。これもリモートコミュニケーションのスキルだと考えています。対面の方が有効なフェーズもあるとは思うんですが、私の仕事の感覚でいうと、それは仕事の主要な節目くらいで、7割くらいはリモートの方がスピード感も仕事の効率もいいんだろうと思います。

田中　そうですね。ただしコミュニケーションなので相互作用が大事なのです。一人ずつだったらテレワークでいいと思いますが、AさんとBさん、Cさん、Dさんと集団が形成されたときの相互行為だから、これからのマネージャーに求められるのは、このテレワークの中では何を求めているとか、このテレワークのプロセスの中においては「これを一つのゴールにしよう」というのを明確化することだと思います。生産性の高いチームはそういうマネージャーがいますね。メンバーのパフォーマンスをうまく引き出し、方向性を示していますよね。

成瀬　期待役割や、目指すゴール・目的を示す力は重要ですよね。日常的なウェブ会議の場面でも、必ず論点を書いていくようにしています。「これはどうする」と誰かが発言したときに、それをちゃんと文字に起こす。これをやっていくだけでも、仕事が前に進んでいきます。

田中　私は今大学で２７０人が受講する講義を担当しています。コロナ禍で対面からオンラインに切り替えたんですけど、オンラインの方が学習効果が高いです。２７０人が一つの教室に集まり講義を受講するのは、学習効果の観点からみると、集中の阻害要因が多すぎるのです。企業の会議も同じで30人もいたら多いと思います。私が今抱えている案件は大体４、５人のユニットです。８人でも多いと思うくらいです。

成瀬　リモートであれば、Ｔｅａｍｓでチームに分けたり、Ｚｏｏｍでブレイクアウトとかで分けられるので、そういう機能を使いこなしていけばいいんですけど、ただ機能を使うのではなくて、その背景に今おっしゃったような意味や意義がちゃんとあって、その意味や意義を含めて使いこなすということが大事な能力ですよね。

田中　今の働き方って、パソコンを使って資料を共有して、それに基づいてみんな発言してってやってるじゃないですか。たいていの知識型労働もサービス業も全部そうです。そこで会議のときにパソコンをもう1台用意すると絶対生産性が高くなります。1台で資料読んで、もう1台で検索して確認してってやっていって。私は今ＰＣ２台とスマホで仕事をしてます。

私も実際にリモート会議だけで、複数の新規事業をローンチしています。何ら困ったことはありません。何よりアウトプットが大切なのです。リモート会議も十分にクリエイティブで生産性が向上しています。

成瀬　今、自分の手元を見てみるとちょうどPC、タブレット合わせて4台ありました。

田中　ですよね。リモートワークの環境整備に投資していった方がいいということなんですよ。

成瀬　わかります。

田中　これからはビジネスパーソンの基本的なマナーとして、重要会議のときは有線の光回線でつなぐとかマイクやカメラの環境とか、そういうことはもっと大事にしていくべきです。

成瀬　「自律」というのは、そういう仕事環境を自ら揃えていくんだということも含みますね。

田中　ビジネスパーソンは何らかの事業にコミットして時間を割いています。テレワークで手にするべきは自ら考え抜き、主体的に行動することです。「テレワークだからあれができない、これができない」と言っている場合ではないんです。

■さらなる変革への向き合い方とは

成瀬　今後、テレワークから元の働き方に戻ってしまう力学みたいなのはやっぱり働いてしまうんでしょうか。

田中　戻ろうとする人たちのエネルギーは、「見えないことへの不安」ですね。部下の仕事が見えないとか、自分の働き方が見られていないとか、自分がちゃんと働けているかどうかわからないといったキャリアの不安に起因します。個人と組織の関係性においてこれから大切なのことは、組織内での比較ではなく、自らの心理的幸福感です。それぞれが自律的に働く環境を整え、心理的安全性を確保していくことがポイントになります。

そのときにこの案件に関しては対面でやるんだとか、この案件はリモートでいいとか、こういう意思決定を的確に状況判断することが必要になります。固定的な働き方や固定的な働き方の価値観を、どれだけコロナをきっかけに変えていけるか。その先に「自律」が見えるかどうかなんです。

私が提唱しているのは、これからの時代に必要なのは「キャリア自律型へのキャリアトランスフォーメーション（CX）」です。左の車輪がデジタルトランスフォーメーション（DX）だったら右の車輪はCXだと。このキャリアトランスフォーメーションで何が必要かというと、組織の中での閉鎖的キャリアを外に開いていくこと。大企業においても副業（複業）などで外の海原を見るようになり、これまでのキャリアが本当に限られた島の話だというのに気づくんですよね。キャリアを開いていくことで、ビジネスパーソンは主体的に仕事に向きあうようになります。生産性も向上します。６０００万人いるビジネスパーソンのうち最低２０００万人はそういう人にしていきたいと思う。

テレワークを応援しながら副業（複業）を認め、家庭や個人の事情に合わせてフレキシブルにワークできるといったことを推奨していかないといけない。現時点の客観的な評価として、日本企業のグローバルプレゼンスが低すぎます。キャリアトランスフォーメーションへの歴史的転換期がこの１～２年だったと振り返るような変化を起こしていかなければならないのです。

成瀬　ＤＸ（デジタルトランスフォーメーション）とＣＸ（キャリアトランスフォーメーション）の話がありましたが、今お話を聞いていて腑に落ちたのは、日本がもう一度グローバルシーンの中で持続的にバリューを発揮し続けていくためには変わらなければいけないということ。そのときに、組織を変えていくのがＤＸであり、個人が変わっていくのがＣＸということで、これが両輪ということですよね。組織も変わるし個人も変わらないといけない。

田中 そうですね。ただCXっていったときに、これを個人任せにしちゃうと変わらないから、私は組織の経営戦略の中にCXを入れようということを考えています。

成瀬 そのときに議論になるのが、「誰が旗を振るのか」というところです。組織が何らかの施策を用意した時に、本当に社員が手を挙げるかどうかは、メッセージの本気度や内容に影響されますよね。変革に向かっていく機会提供やチャンスを、個人がどう捉えて行動に移していくのか、この個人の行動変容をもっと考えていきたいなと思います。

田中 キーパーソンは経営と人事をつなぐバイパスとなる意思決定者で、その人たちが旗振り役にならないと変革は進みません。

成瀬 デジタルが今のトレンドワードになっている中で、組織の中で話題になるのは「新しいツールは何をいれようか、使い方を覚えなきゃ」といった話です。その発想だけでは変わっていきません。「それを使って何を実現するのか、どう変わるのか」といった目的ドリブンの発想に立って、旗を振るリーダーが必要ですね。

田中　テクノロジーはいろいろな変化を我々の目の前にもたらしてくれています。これからもテクノロジカルシフトが進みます。その時々に「それがもたらす本質的なインパクトが何か」という洞察力を磨く必要があります。今回のコロナによるリモートコミュニケーションへのシフトもそう考えるべきなのです。

成瀬　なるほど。

田中　私は変幻自在なプロティアン・キャリアこそが、生存戦略だと捉えています。今回のリモート化で立ち止まるのではなく、新しいキャリア資本がどう増えたか、キャリア開発をしてビジネスパフォーマンスはどう高まったか、などの客観的な評価をした方がいいと思います。いかに先を見据えて今のキャリア戦略を練っているのかということです。

成瀬 最近、私自身のキャリアとしては、今とても危機感を感じています。こうして書籍などでアウトプットをしているので特にそう感じるのかもしれません。自分自身の考えや意見が外にさらされることで、自分の今の経験や理屈だけでは通用しないのではないか、相手に届いていないのではないか、といったことを肌で感じるようになったからです。

田中 ビジネスパーソンとして問題意識とか危機感とか、焦りとか、そういうことは感じるべきなんです。人がなぜ働くかというと、問題意識があって、より良くしたいと思うからこそ働くわけです。

成瀬 そうですね。テレワークをしていると、社会から少し孤立しているという感覚をみんなきっと持っているだろうと思うし、私もそう思っています。「本当にこれでいいんだろうか」という不安はやっぱり多くの人が抱えていると思うんですよね。

田中　危機感は成長のエンジンだから、危機感は感じていいんです。ただ危機感で悩むのはいけません。危機感があるならやるべきことは、悩むことではなく考え抜くことです。例えば会議の時間をこれまで2時間かけていたのを1時間にしてみようとか。色々試してみればいいんです。日々実験です。オンラインでやる、オフラインでやる、ハイフレックスでやる、何が一番いいのか、全部評価して実験、実験を続けていくのです。PDCAを回し続けアジャイルでより良きを探し続けるというのがビジネスです。リモートコミュニケーション術も、一回浸透した後のさらなるレベルアップが不可欠なのです。

成瀬　ありがとうございます。私自身、今回リモートコミュニケーション術をまとめて感じているのは、「これで完成ではない」ということです。これだけの変化ですから、リモートコミュニケーション普及の先に新しい問題が生まれ、その問題を解決するためにまた新しい技術やテクニックが生まれるのだろう、と思います。この「変革の加速」の時代において、どれだけ組織も個人も自律的に変わろうとできるのか、新たな問題発見や問題解決に挑戦していけるのか。これはある意味、多くの人や組織の前にすごいチャンスが広がっているということだと思えました。

今回は貴重な機会をいただきありがとうございました。

（2021年4月28日　お互いに在宅からリモートコミュニケーションで対談）

おわりに

本書の企画にあたり、当初お話を頂戴したのは「リモートコミュニケーション・ツールの使い方で困っている人たちに情報提供できないか」ということでした。確かに、意図せずリモートコミュニケーションを迫られており困っている方が多いことは分かっていました。ですが、できれば少しでもこれからの時代に通ずる前向きなメッセージを贈りたい、と考え本書の内容を企画しました。思っていた以上に、自分の中で考えがまとまっていなかったことに書き始めてから気づき、多少後悔をすることになりましたが、今回本書の制作に至っては、多くの方の力をおかりすることで、何とか形にすることができました。私のまとまっていない考えの段階で本書の企画を進めていただいた編集の松原さんには心から感謝申し上げます。

本書の中でお伝えしてきたことですが、「自律的に働くためのリモートコミュニケーション」というタイトルにしたのは、自らの律（自分自身の信念や考え）を持った上で、多様な方とコミュニケーションを交わした先に、これからより求められる自律的な働き方が見えてくるだろう、と考えたためです。長年、大組織の中でテレワークという働き方を実践しながら、その組織から越境し、リモートコミュニケーションを駆使して様々な複業や学びのコミュニティに所属し、40歳を超えた今でも日々成長を実感できる生き方をできている。この自分自身が実践していること、体験してきたことを材料にして本書を書き上げました。加えて、私が信頼し、尊敬する方々にまさにリモートコミュニケーションで対話させていただくことで、私の中でモヤモヤとしていた「リモートコミュニケーションの先にある自律」につながる道筋と、本書で何を伝えるべきか、を見出すことができました。

直接お話したわけではありませんが、「3章　リモートコミュニケーション・スキル」では、以前からコミュニケーションを学ぶためにテキストとしていた斎藤孝先生の著書と改めて向き合い、自分自身のコミュニケーション論の参考とさせていただきました。

「4章　リモートコミュニケーション・テクニック」では、日頃お世話になっている各種ツールの提供会社の皆様に情報掲載をご相談させていただきました。そして、事例として取材させていただいたナラティブベースは、これからの時代のひとつのロールモデルとなる働き方を試行錯誤されていると、お話を伺い改めて思いました。本書には書ききれなかった様々な試行錯誤の経験をお持ちですので、是非今後も注目していただきたい企業（というよりコミュニティ）のひとつです。

そして、6章の対談では、キャリア自律の代名詞でもある「プロティアン・キャリア」を日本で働くビジネスパーソンに届けるべく、様々な発信と挑戦を続けている田中 研之輔（プロティアン）教授に、刺激的なメッセージを頂きました。私自身、テレワークの専門性とプロティアンの専門性をかけ合わせたことで、本書を単なるリモートトコミュニケーション術のガイドブックではなく、これからの時代の働き方の教科書にまで引き上げることができました。時代を変える伝道師の先駆者として本当に尊敬し、感謝しています。

今回協力いただいたすべての方々とは、リモートトコミュニケーションで出会い、リモートトコミュニケーションでお力添えをいただきました。これこそが、本書でお伝えしたい可能性そのものなのです。リモートトコミュニケーションの力は、単なるテレワークで仕事を進めるための術ではありません。これからの時代、よりテクノロジーが発展し、自律が求められるようになれば、多くの個人が時空間を超えてつながり、企業という組織（所属）

にとらわれ過ぎずに共に働くことができるようになっていきます。国を超えて協働することも、特別なことではありません。私の小学生の子供たちは、ステイホームの生活の中で毎日オンラインゲームやＹｏｕＴｕｂｅを通じて誰かとつながり、日々新しい情報を得て楽しく成長しています。彼らを見ていると、私たちの目先でおきている変化など小さなことだと思い知らされます。次の１０年、次の世代が社会に参加してきてくれます。今までの私たちの常識を超えて、新しい時代を創っていくでしょう。その時、私たちも彼ら、彼女たちと一緒に成長していかなければなりません。人生１００年時代、まだまだ変化し続ける時代で、私たちも変わり続けていくことが求められます。

今の時代、誰だって不安なんだと思います。私も自身の将来への危機感を強く持っています。だからこそ、本書を書いていますし、今も社会情報大学院大学で実務教育を研究しています。私自身、今回本書を書き終えて、次に考えるべき新しい課題が見えてきました。

本書が、お読みいただいた方の小さな挑戦の糧になれば幸いです。時空間を超えて、より多くの人たちと助け合うための力が、真のリモートコミュニケーション術です。これからの変化の時代、ひとつずつ、変えられるところから変えていきましょう。

自分の人生のために、そして誰かの人生のために。

成瀬 岳人

参考文献

・経済産業省「社会人基礎力」 https://www.meti.go.jp/policy/kisoryoku/index.html

・経済産業省「持続的な企業価値の向上と人的資本に関する研究会 報告書 ～人材版伊藤レポート～」
https://www.meti.go.jp/shingikai/economy/kigyo_kachi_kojo/20200930_report.html

・『コミュニケーション力』 齋藤 孝（岩波新書）

・『頭のよさとは「説明力」だ』 齋藤 孝（詩想社）

・『プロティアン 70歳まで第一線で働き続ける最強のキャリア資本術』 田中 研之輔（日経ＢＰ）

・『働くこと原論』 村山 昇 http://careerscape.lekumo.biz/genron/

筆者紹介

成瀬 岳人（なるせ・たけひと）
パーソルプロセス＆テクノロジー株式会社　ワークスイッチ事業部　部長。
総務省委嘱テレワークマネージャー。

１９７９年生まれ。２００３年 東京情報大学経営情報学部卒業。２０２０年 事業構想大学院大学事業構想修士課程修了。パーソルグループに入社後、ＩＴ業界の人材派遣事業に従事した後、業務コンサルタントとして国や自治体のテレワーク事業の企画・プロジェクト運営を多数担当。並行して複数企業の働き方改革企プロジェクトを担当。また、自社の働き方改革施策の企画・運用設計に従事。複業で総務省委嘱テレワークマネージャー、一般社団法人プロティアン・キャリア協会のプロティアン認定メンター、プロティアン認定ファシリテーターとしても活動している。

成果がぐんぐん上がる 自律的に働くための リモートコミュニケーション術

２０２１年６月21日　第１版第１刷発行

発行者　吉田 琢也
著　者　成瀬 岳人
発　行　日経ＢＰ
発　売　日経ＢＰマーケティング
〒１０５-８３０８
東京都港区虎ノ門４-３-１２

表紙デザイン　葉波 高人（ハナデザイン）
制　作　ハナデザイン
編　集　松原 敦
印刷・製本　図書印刷株式会社

　ISBN978-4-296-10968-5

本書籍に関するお問い合わせ、ご連絡は下記にて承ります。
https://nkbp.jp/booksQA